和平的哲学 宽容的智慧

——池田大作与阿卜杜勒－拉赫曼·瓦希德对谈

［日］池田大作

［印尼］阿卜杜勒－拉赫曼·瓦希德 著

高益民 译

人民出版社

阿卜杜勒-拉赫曼·瓦希德

印度尼西亚共和国前总统、宗教领袖。1940年出生于印尼东爪哇省宗班县，曾留学埃及艾资哈尔大学和伊拉克巴格达大学学习伊斯兰法，著名伊斯兰学者和评论家。1984年，出任穆斯林组织伊斯兰教师联合会(NU)主席，致力于促进贫困的农村地区的发展和从事伊斯兰习经院(Pesantren，一种伊斯兰寄宿学校)的改革等。1998年，成立以伊斯兰教师联合会为支持团体的民族觉醒党(PKB)并参加大选，跻身为第三大党，与第一大党民主斗争党组成联合政府，1999—2001年出任第四任总统，作为稳健派伊斯兰领袖也获得了其他宗教的广泛支持。2009年12月逝世。

池田大作

1928年生于日本东京，创价学会名誉会长，国际创价学会会长。曾任日本创价学会会长(1960—1979)。世界著名佛教思想家、哲学家、社会活动家。创立创价大学、美国创价大学、创价学园、民主音乐协会、东京富士美术馆、东洋哲学研究所、户田纪念国际和平研究所等机构。池田与创价学会致力于推动文化、教育、和平，1983年获联合国和平奖，1989年获联合国难民专员公署人道主义奖，1999年获爱因斯坦和平奖，并获多所世界著名大学的名誉学术荣衔，包括北京大学、清华大学、复旦大学、武汉大学、香港大学等。在中国获得的奖项有：中国艺术贡献奖(1989)，中日友好"和平使者"称号(1990)，"人民友好使者"称号(1992)，中国文化交流贡献奖(1997)。

目　录

面向永久和平的对话

　　通往 21 世纪之门的 2001 年以"联合国不同文明间对话年"之名拉开了帷幕。从 21 世纪开始，世界将迎来孕育着众多不确定性的新的千年。但人人都晓得新千年是如何开始的——这一年发生了撕裂了世界良心的"9·11"恐怖事件。各种恐怖事件与中东的纷争说明，文明间的对话必须是世界公民间进行的新型沟通方式。虽然从历史经验看，文明间的冲突是不可否认的，但世界公民不能屈服于这一经验性的现实，要不断培育实现永久和平的希望。

　　我们地球上的人际关系只有两种——纷争或和谐。纷争为个人与集团的利己主义所牵引，它的尽头便是拒绝对话。纷争会使人性及其土地上的文化萎缩，会使个人和集团形成互相封闭的关系，其结果将导致无视他人和其他集团的人性侧面，只是将对方定位为必须警惕的"敌人"，必要时则会先发制人，破坏对方。与此相反，和谐中活跃着的是植根于信赖、尊敬与自尊心的个人或集团间的相互关系，这种相互关系只有在个人或集团主动开启对话与合作之门时才可能实现。对话是人与人和谐关系的关键词。没有对话，就会因不信任感和猜疑变成憋闷紧张的关系，并进而演变为攻击性与敌对。

真正的文明间对话，是来自不同社会背景、文化及宗教的具体的两人之间的对话。池田大作先生与瓦希德先生都是在世界上颇具声望的宗教领袖。池田大作先生是坚忍不拔地在全世界弘扬佛教思想的人本主义价值观的国际创价学会（SGI）的会长，瓦希德先生是印度尼西亚共和国第四任总统，也是印尼最大的伊斯兰团体伊斯兰教师联合会（NU）主席，是国际著名的稳健派伊斯兰教知识分子，不断促进旨在和平的宗教间对话。

真正的对话和会话，是在文化舞台上发挥作用的。不应先将池田与瓦希德两位先生视为具有文化修养的宗教人士，而应把他们看作具有宗教情怀的文化人士。池田先生以其著名的诗歌享誉日本，瓦希德先生则是雅加达艺术家协会成员，熟知国内外文化艺术作品。两位对于艺术的热衷，使不受支配而开放的宗教间对话成为可能。哲学家马丁·布伯（Martin Buber）认为，宗教性的对话与开放的精神与思考密切相关。在对话中，为了解对方和使对方了解自己，必须开放自我。所谓对话，是以诚实之心使彼此的信念相遇。

开放的对话可以从池田先生与瓦希德先生彼此称赞对方国家的文学家中一目了然。池田先生通过普拉姆迪亚·阿南达·杜尔（Pramoedya Ananta Toer）的作品，评价说他是倡导人本主义思想的印尼最伟大的作家，而瓦希德则称赞川端康成是融合了日本现代及传统之美的日本作家。可见两位伟人的对话并非美化自己，而是从事着向对方打开心扉的实践。形式虽然简单，但两人的对话教示给我们的不单是赞叹，而是和平对话应当如何进行。

我拜读了两位先生关于先知穆罕默德与释尊的对话，感到饶有兴味。这一对话的结论是，先知穆罕默德与释尊都倡导平等与和谐，先知穆罕默德倡导爱的宗教——伊斯兰教，而拒绝种族主义，因为那是对立的导火索。先知穆罕默德还对那些基于各自教义而进行宗教修行的少数派给予了保护。而释尊则教导人们："勿问出身，而问其行。火实生自各种薪柴。"（《佛陀的话》，中村元译，岩波书店）平等与和谐的教诲，是狂信者往往忘却的宗教真髓。

池田先生与瓦希德先生其他的多处对话，也显示了他们是如何通过与不同宗教信仰者真切会面为迈向永久和平而找出彼此的共同点的。和平不是我们可以轻易享有的那种状况，而是要通过斗争而获取的希望。这里所谓的斗争不是使用武器的战斗，而是思想上的斗争。对话来自于为对方的特点着想的努力，也来自于为走上共同的道路而对彼此共性的探求。就像婚姻那样，找不出共同点的两人之间是没有缘分的。我们如果一直强调彼此的差异而不打开对话之门，那么和平就不可能实现。我深为池田先生下面的话所打动——

　　纵然是因"憎恨"与"排他"之心而龟裂、因"不宽容"而干涸的大地，如果用"对话"之水点点滴滴地去浸润，那么也会展现出"信赖"与"友谊"的沃野。

（印尼）Gumilar Rusliwa Somantri

古米拉尔·鲁斯里瓦·索曼特里

印度尼西亚大学校长

2010 年 7 月 30 日

第一章　和平才是宗教的使命

"宗教共存之国"——印度尼西亚的睿智

池田　人与人的相遇，就产生出新的价值。文明与文明的对话，就会开创新的历史。

对我来说，能有机会与具伟大信念和哲学的贤者瓦希德博士对谈和学习，是无上欣喜。与博士的对话中所谈到的将伊斯兰教与佛教联系起来的和平与文化交流这一点，已备受日本各界瞩目。

瓦希德　我自大约 1980 年起，就久仰池田先生了。拜读了先生与历史学家汤因比博士①的对话录《生的选择》（Choose Life）（英文版书名，日文版书名是《面向 21 世纪的对话》，

---

① 阿诺德·约瑟夫·汤因比（Arnold Joseph Toynbee，1889—1975）：英国历史学家。他认为，人类各文明的存在和发展具有一般规律，即每个文明都会经历起源、成长、衰落和解体这四个阶段。其代表作除巨著《历史研究》以外，还有与池田先生的对话录《面向 21 世纪的对话》。

文艺春秋出版社）以后，我就一直希望能有机会与先生对谈，今天终于如愿了。

池田　汤因比博士一定也会为此而高兴吧！汤因比博士曾访问过贵国，也是热爱贵国的人士。

他认为贵国是"各种宗教友好共存的国家"，为此寄予了莫大期待，他明言："在宗教宽容这一如此重大的问题上，印度尼西亚为我们作出了榜样。"（《从东到西》，黑泽英二译，每日新闻社）

贵国 23000 万人口中，近 9 成的人口信仰伊斯兰教，是世界上伊斯兰教徒最多的国家，而且伊斯兰教、佛教、印度教、基督教等很多宗教和平共存。

在此共存的天地，瓦希德博士身为贵国最大的伊斯兰教团体伊斯兰教师联合会①（NU）的领袖，更以最高文化人、哲人总统的身份领导了这一大国。

能与博士对话，领略您丰富的睿智，不仅是我，对未来的青年而言，也是无法估量的珍宝。

瓦希德　池田先生是位伟大的人物。

您以"文化之力"立于人类的高峰，探究人，促进提升人的境界。

而且您在物质主义日盛的社会，使充满人间主义的佛教

---

①　伊斯兰教师联合会（Nahdlatul Ulama）：印尼最大的伊斯兰组织，1926 年由重视伊斯兰传统的学者们所创设。

哲学复苏。

我愿与先生发展友谊，并使这种关系一直持续下去。

池田 感谢您温暖的友好之言。

博士曾与基督教、犹太教人士对谈。

我也以一对一的对话为根本，推进文明间、宗教间的对话。

贵国有句名言："迷了路，就回到大道！"

和平的殉教者、创价学会第一任会长牧口常三郎①也常说："走不通，就折返原点！"

当前人类应该回归的"大道"或"原点"究竟是什么？

那就是"和平"！所有的宗教在"和平"这一点上应该携起手来。

宗教是为了"人的幸福"而存在的。即使在教义上意见不同，但为了全人类的和平就必须携起手来。我很想与博士交流一下这个大题目。

以前博士曾在迎接 21 世纪时，在联合国向全世界呼吁"对话"，那是一场历史性的著名演说。

瓦希德 谢谢！

您是指 2000 年秋天我在联合国千年峰会上的演讲吧。当

---

① 牧口常三郎（1871—1944）：创价学会第一任会长。曾任小学校长等职，同时以地理学、教育学的前沿性研究而闻名。1930 年创立创价教育学会（后改称创价学会）。他反对国家神道，1943 年因违反治安维持法及不敬之罪被捕入狱，翌年在狱中去世。

时我说："对话赋予我们'人的面孔'，不论我们在民族性上、文化上或者历史背景上有何不同。"

"通过对话，人类的共同价值才能得以普及，实现全球性的'和平文化'与和谐之路才能得以开辟。"

这是我们基于印度尼西亚的经验可以斩钉截铁地表达的信念。

池田　完全赞同。

正如博士所言，人类迈向新千年的根本轨道，唯有"面向和平的对话"。

瓦希德　我一再表明："伊斯兰教本身并没有提议发动对人的战争。是人类要进行战争。我是支持倡导非暴力的甘地主义的。"

现在，我们正通过瓦希德研究所的活动，推动宗教的共存与多元文化主义。

我们始终致力于在美国等国家举办演讲，使更多的人们对伊斯兰教有正确的理解。

此外，我们也主办世界伊斯兰教领袖们参加的国际会议，希望改变在西欧各国及其他地方正蔓延的对伊斯兰教的错误印象。

池田　这些我均有耳闻。

坦率地说，实际情况是日本人对伊斯兰教所知甚少。

我曾与伊朗裔的马吉特·德拉尼安（Majid Tehranian）博

士① 出版了沟通伊斯兰教与佛教的对谈集《面向21世纪的
选择》。

我想起在这本书中，德拉尼安博士强调"伊斯兰"这个
词本身在语源上就与"和平"有关。

瓦希德　是的，正是如此。

池田　倡导生命尊严的佛法也绝对是旨在实现"和平"
的，目的都是为了"和平"。

瓦希德　我们二人进行"伊斯兰教与佛教的对话"的目
的也是和平啊！

池田　是的。我希望与博士共同探究"和平的哲学"与
"宽容的智慧"。

同时，我也强烈地希望能为扩大贵国与日本的友好，把
对话持续下去。

贵国有尊重多元文化的传统，在21世纪的亚洲占有重要
地位，从人口数量上看也仅次于中国、印度和美国，是屈指可
数的大国。

而且，在众多的伊斯兰教国家中，日本对贵国抱有亲
近感。

贵国与日本有悠久的交流历史。在现代，自建立邦交以
来已走过了50年。

---

① 马吉特·德拉尼安（Majid Tehranian，1937— ）：夏威夷大学教授，
曾任户田纪念国际和平研究所第一任所长。专攻传媒论、政治学、
中东研究等。著有与池田先生的对话录《面向21世纪的选择》。

日本国土交通省曾于去年（2008）发表了海外旅行满意度的调查结果，贵国领先其他国家，名列第一。

瓦希德　这真让人高兴。

我至今访问日本十多次，对日本也倍感亲近。

池田　汤因比博士曾说："真实世界的风景，因其无可估量的价值而闪耀着光芒。"（《从东到西》，黑泽英二译，每日新闻社）

太多的人以先入为主的观念或偏见来评断其他国家，为了打破这些误解和迷妄，就不可缺少进一步的对话与相互学习。——这是我与汤因比博士共同的结论。

贵国与日本都是岛国，但情况却非常不同。

贵国的面积是日本的5倍，东西间的距离甚至可与美国两岸间的距离不相上下。日本约有7000个岛屿，贵国则是由超过17000个岛屿所构成的"世界最大的群岛国家"。

而且，贵国有300个以上的种族共同生活，孕育了丰富的文化。

贵国的气候与风土等方面也多与日本不同。

瓦希德　我想，位于赤道上的印度尼西亚，其自然景观对日本人来说是深具魅力的。日本有四季，而印度尼西亚只分雨季和旱季两个季节。此外，富于多样性的印尼文化，可能会让日本人兴致盎然。印尼人友善温和，也给来访印尼的观光客以独特的印象。

池田　完全可以想象。

贵国人士温暖之心与好客之情真是了不起。

贵国还生长着木槿花、三角梅、卡特兰、昙花，以及被誉为世界最大的大王花等，百花争艳之象令人眼花缭乱。

瓦希德 在印尼，火焰树宣告雨季的到来。火焰树开出红花时正是暑热的顶点，当花落叶生之时，则是雨季的开始。

在日本，樱花开时，便是宣告春天真的来了，是吧？

池田 正是这样。樱花是日本的国花，我自少年时代就喜欢樱花树。贵国的国花是茉莉花吧？

瓦希德 是的，我也很喜欢茉莉花，因为从小就有人告诉我"茉莉花是圣人们的花"。娇小的白茉莉花散发出一种独特的香味。

池田 我听过爪哇有句谚语："若要找到茉莉花，它总会开在心灵美丽的人那里。"（卡尔蒂尼《超越黑暗》，牛江清名译，日新书院）

茉莉花确与贵国人民的美好心灵十分吻合。

我们所信奉的日莲大圣人[①]的佛法倡导说："众生之心污，

① 日莲（1222—1282）：即日莲大圣人。日本镰仓时代佛教人士，主张释尊的精神尽在倡导众生皆能成佛的《法华经》中，视贯通宇宙与生命的"妙法"（南无妙法莲华经）为佛法真髓而加以弘扬。用对话形式撰写了旨在实现民众幸福与平安的《立正安国论》并上书为政者，不断从事劝谏活动。曾遭两度流放等种种迫害，但终生不屈不挠。为实现国家安稳和平不断开展宣传倡导活动，并将后事付托其弟子日兴。《日莲大圣人御书全集》（创价学会版）除收录其阐释佛法的论文外，还收有多封他写给庶民弟子的书信。

则所住之国土亦污。心清，则国土清。"（《日莲大圣人御书全集》，创价学会版 405 页，通解。以下简称御书）美丽之心孕育美丽的国土，且能守护住美丽的自然并使之熠熠生辉。

瓦希德　我想起我曾于 2007 年参观过在雅加达举办过的池田先生的"与自然的对话"摄影展。

非常感谢您在我国举行如此出色的摄影展。

"与自然的对话"这一主题非常重要。自然是神之所赐，目的是为了让人类可以尽可能以最好的形式利用之。因此，人若对自然毫无关怀，那就是放弃自然和破坏自然。

在我们的教义中，有这样一句耐人寻味的话："神之使者，即在自身。"自然与我们息息相关，因此我们要永远保护自然。

苦难是前进的资粮

池田　这是非常深刻的洞见。举办摄影展时承蒙多方关照，在此再次向您表示感谢！

释尊称，茉莉花香馥郁芬芳，而能胜其香者唯有德之人。

"花香不会逆风而行。栴檀、沉香木、茉莉花皆然。而德者之芬芳可逆风而行，亦可飘于四方。"（《佛陀真理的话感性的话》，中村元译，岩波书店）

不只是顺风之时，在逆风时人格所散发的芳香也会不断地给人们带来勇气和希望——这正如克服种种困难，将人们带往和平与发展之道的博士您。

瓦希德 不敢当。坦白说，我从不把困难当困难。

在几乎失明的时候，在就任总统前一年身患重病的时候，我都在想："神之所赐，当欣然受之。"

与此同时，我也决心"尽最大努力"。

因此，我从未抱怨过自己的命运，至今不断努力，因为我希望自己的工作不要因此而停下。

池田 博士的坚强信念令人感动！

我也曾数次受到莫须有的诽谤和迫害，但是，"为了正义与和平而受到迫害是一种荣誉"——我内心怀着这种坚定的想法而奋进至今。

我自青年时代就有这样的信念："一人独立时之强者方为真勇者"，"波浪遇阻而弥坚"。

我想，博士作为一个言说自己信念的人，同时又活跃于肩负国民幸福的政治世界，也一定遭受过无谓的中伤。

您是否有过遭人背叛而感到痛心的时候？

瓦希德 因为太多次遭人背叛，我甚至已经不把它当作一种考验了。因为好在每次遭受背叛，我必得到某种睿智。

2001 年 7 月，我从总统职位上离任以后，我宣布"今后还会为了民主化而奋斗"。那时，没有任何后悔。

一定要说有什么遗憾的，那便是在离开官邸时，我精选的贝多芬的录音带竟然弄丢了一些。（笑）

池田 您是把逆境视为前进的资粮啊。

与博士首次会面是您卸任总统的第二年（2004 年 4 月）。

我回想起，那时我就从您凛然有力的声调中，感受到博士的坚定信念。

瓦希德　我才是从那次东京会面中受到了池田先生的极大启发。

正是因为有了那次会面，我才更加坚定地要把余生奉献给印度尼西亚。

池田　您过誉了。

您刚才提到的乐圣贝多芬曾大声疾呼："无论发生什么事，绝不能被命运打倒。——啊，能活上生命的千倍真是美好!"（罗曼·罗兰①《贝多芬传》，片山敏彦译，岩波书店）

贝多芬与苦难斗争，留下第五交响曲《命运》和以《欢乐颂》而闻名的第九交响曲等人类至宝名曲，他的一生对我是莫大的激励。

我常深情地回忆起在青春时期曾与朋友和后辈用简陋的留声机一起聆听贝多芬的曲子，这些曲子培育了我们的英锐之气。

瓦希德　我也特别喜爱贝多芬的第九交响曲，可以说它反映了贝多芬那充满了激荡与战斗的一生。

---

① 罗曼·罗兰（Romain Rolland，1866—1944）：法国作家，诺贝尔文学奖得主。代表作之教育小说《约翰·克利斯朵夫》风行世界。从第一次世界大战到第二次世界大战，他为反战与和平运动奔走，抨击法西斯主义。身为"欧洲的良心"，在国际上极具影响力。还著有《贝多芬传》《托尔斯泰传》等杰出传记。

"超越痛苦以至欢喜"的主题正是其创作过程中的体悟，因为那时他已失聪。

正因如此，听第九交响曲的人们才称颂它是"超越人智之声"，才能领会贝多芬何以能创作出如此崇高和富于精神力量的合唱曲。

池田　的确是永恒的名曲。

伟大的艺术能达到宗教精神的高峰。而宗教的精神也会成为伟大艺术的创造力。

而且，真正的艺术蕴含崇高的痛苦，也蕴含着超越痛苦的欢喜与凯歌，更有将自己的抗争不断升华为贡献于人类的信念与慈爱。

正因为如此，它们才会超越国界、超越时代、打动那些以真挚之情而生活的人们的心灵。

贝多芬有句名言："艺术将所有人结合在一起。"（罗曼·罗兰《贝多芬传》，片山敏彦译，岩波书店）

作为各个国家、民族和文化精华的音乐，是连结世界的力量。

亲近异文化的喜悦

瓦希德　正是如此。

令我记忆犹新的是，在访问创价大学时，学生们演奏了日本传统乐器古筝（日语称"琴"）来欢迎我。

在民主音乐协会（简称"民音"）的文化中心，我聆听了钢琴演奏。那里的钢琴有莫扎特爱不释手、贝多芬赞不绝口的古典钢琴，我欣赏了它们的音色。

而且我还欣赏了池田先生作词的《母亲》一曲，一位女职员为我们表演了独唱。且不说曲调优美，听了关于歌词内容的说明，我更是感铭至深。"民音"还送给我不同的演奏家演奏的《母亲》CD，我一回到饭店就马上欣赏了。

池田 不敢当啊。

"民音"已创立46周年，至今与100多个国家和地区进行了文化交流（至2009年）。

令人欣喜的是，自1973年邀请贵国具有最古老传统的日惹皇家舞蹈团以来，印度尼西亚政府派遣的舞蹈团、珍朵拉·马迪亚（Gentra Madya）舞蹈团、国立舞蹈团"印尼之虹"、卡布密（Kabumi）国立舞蹈团等贵国卓越的艺术家纷纷前来日本各在都市公演，令人感动的舞台表演影响愈加广泛。

传统的爪哇舞蹈与甘美朗①音乐在全世界也深受人们喜爱。

120年前在巴黎举行的万国博览会（1889）上，来自爪哇的4名女舞蹈家及甘美朗音乐获得了热烈的反响。

---

① 甘美朗（Gamelan）：系印度尼西亚与马来西亚等地的乐器合奏音乐。乐器主要使用青铜、铁等金属，通过敲击发声，为仪式庆典、舞蹈戏剧的伴奏音乐。

当时法国音乐家德彪西（Achille-Claude Debussy）高度评价了爪哇音乐，而且还将之融入自己的音乐，开辟了崭新的创造之路，这段历史已为人们所熟知。（安田香《关于1889年巴黎万国博览会之爪哇舞蹈与音乐》，参照《东南亚研究》36卷4号，京都大学东南亚研究中心等）

贵国充满了世界和日本都应学习的创造性文化。

瓦希德　印尼与日本的友好关系应该是互惠的。也就是说，印度尼西亚要多向日本人学习，反之亦然。

我个人是很亲近日本文化的。

我在年轻时就喜欢电影，当时最令我感动的是黑泽明导演的作品。黑泽明导演的电影，从其代表作《七武士》到晚年的《八月狂想曲》，我几乎都看过。

池田　黑泽明期望以文化之力创造和平。

他还说过："我认为，文化工作者在使世界实现和平的相互合作方面是最适合的，因为他们具有感受力与想像力，他们珍视文化，他们有着许多相互理解的切入点。"（黑泽和子《黑泽明"活"语言》，PHP研究所）

曾参演黑泽明导演的《七武士》《天堂与地狱》《红胡子》等16部作品的著名演员三船敏郎先生，是我的要好朋友，他的千金也是一位非常活跃的明星。

身为世界级文化人的瓦希德博士如此喜爱黑泽明的作品，三船先生一定也很高兴。

贵国也有富饶的文学土壤。其中，普拉姆迪亚①作为当今印尼最出色的作家而广为人知。

瓦希德　是的。他也是我非常亲近的一位朋友。

在他 70 岁生日时，我曾去他家里一起合影留念。

在当时的政权统治下，与他合影是需要勇气的；外国人另当别论，当时没有印度尼西亚人这样做。

他对我忠告说："您跟我一起拍照，谍报机关会通报军部的。"他又补充说："从大路到这里，每五米就站着一个好像在卖香烟的人，那些全都是谍报机关的人。"

于是我说："既然这样，那现在藏起来也没用了。"（笑）

池田　这真是一份难能可贵、真挚深厚的友谊，您们两位的信义光彩可鉴啊！

普拉姆迪亚的代表作《人世间》是一部令人难忘的名作。"人生会教给那些懂得学习和擅于学习的人一切东西。"（《普拉姆迪亚选集 2·人世间》（上），押川典昭译，湄公）这句话一直铭刻我心。

博士从青年时代直到今天始终学而不辍，在日本文学方面，有哪些您所喜欢的作品吗？

瓦希德　文学方面，我读过川端康成与三岛由纪夫的小说。

---

① 普拉姆迪亚（Pramudya Ananta Tur，1925—2006）：印尼作家，印尼独立革命及苏哈托政权下两度入狱与流刑，历时 16 年。期间创作四部曲《人世间》《众邦之子》《足迹》《玻璃屋》。曾多次入选诺贝尔文学奖候选人，在印尼国内外享有极高声誉。

尤其是川端康成的作品承袭着日本的传统，又把现代的要素描绘得很美，这一点有与黑泽明导演的电影世界相通的一面，我认为这是最有魅力之处。

池田 哦！传统与现代化的融合的确是一个大问题。

我曾经准备跟川端先生见面的，可惜后来未能实现。与三岛先生则是在宾馆的理发厅见过一面。

川端先生曾说："美，贯通古今，流通万国。"（《川端康成与东山魁夷 互相呼应之美的世界》，川端香男里、东山墨监修）

他还提及，日本把从中国唐朝①那里学到的文化独自进行消化，进而诞生了绚烂的平安文化，并确立了日本之美。（川端康成《一草一花 现代日本小品》，讲谈社）

与异文化的交流是提升本国文化和促进创新的源泉。

瓦希德 日本的黑泽明、川端康成等文化人士举世闻名，而我要感谢的是池田先生为日本传统文化与西方文化的融合所作出的努力。

访问"民音"后，我充分了解了文化是深深扎根于日本人灵魂之中的。我想，创价学会履行了向全世界发出"日本人民是热爱文化的人民"这一信息的使命。

① 中国唐朝（618—907）是继隋朝之后的大一统王朝，定都长安（今西安）。政治上确立律令制度，经济上大力发展农、工、商业。唐朝广纳外来文化，构建起国际性的文化和世界级的文明。日本也曾派遣遣唐使，学习唐朝先进的文化等。

你们大家所推动的与世界的文化交流，不只是为了日本，世界人民得享其利。希望你们继续以文化之力来抵抗物质主义的浪潮。

与军国主义的殊死搏斗

池田　谢谢您的鼓励！

创价学会以日莲大圣人佛法的人本主义为基础推行"和平""文化""教育"运动，其原点始自牧口常三郎第一任会长。

日本的国家主义和军国主义践踏和平与人权，很多知识分子和言论机关因恐遭迫害而噤若寒蝉，在那样一个时代，牧口会长与他的弟子户田城圣①第二任会长一道，抵抗了来自军部政府的再三压迫而丝毫没有退缩。

在当局的镇压不断加强、特高刑警②尾随跟踪、聚会遭到监视、发言遭到制止等情况下，牧口会长的信念也未尝动摇。

终于，名为《价值创造》的机关报被迫停刊，牧口会长

①　户田城圣（1900—1958）：创价学会第二任会长。1930年与第一任会长牧口共同创立创价教育学会（创价学会的前身）。1943年因反对国家神道，与牧口同时被捕入狱。战后重建创价学会，1951年就任会长，并为创价学会的蓬勃发展奠定了基础。

②　特高警察是特别高等警察的简称。日本于旧制度下的1911年在警视厅内设置特高警察一职。特高警察直属于内务省，遵照治安维持法等规定对国民思想和社会运动进行管制乃至残暴的镇压。战后1945年被盟军总部（GHQ）废除。

被捕入狱，并遭到了严酷的审问。但他坚持信念，进行了五百天的牢狱抗争直至亡故。

牧口会长为反对侵略亚洲各国的蛮横的日本法西斯军国主义，进行了坚持不懈的殊死抗争。

我也听说您的祖父在日本占领贵国期间，曾遭日军严酷殴打，而使右臂致残？

瓦希德　是的。祖父哈西姆·阿什阿里①以及许多为了祖国独立而战斗的人士都遭到了逮捕。

我祖父曾是"奇阿依"（伊斯兰领袖），当时他拒绝日军所强迫的向太阳升起的东方鞠躬、拒绝向日本天皇致礼，因而遭受了那样的暴行。

池田　作为日本人，我向您表示深深的歉意！

日军的侵略剥夺了贵国和亚洲各国的多少性命，又使生活遭到何种程度的破坏！真是无法估量！

牧口会长在狱中面对审讯，毅然地批判日本的无道。他说："对亚洲的侵略决不是什么'圣战'。以国家权力为后盾的精神指导的根本性错误使所有的一切都变得疯狂。"（《牧口常

---

①　哈西姆·阿什阿里（Hasyim Asy'ari，1871—1947）：伊斯兰教师联合会的创立者。从15岁开始在各种伊斯兰学校就学。自1892年起的7年间，前往沙乌地阿拉伯麦加深造。其在回国后创办的 Pondok Pesantren Tebuireng 伊斯兰学校尔后成为爪哇岛最大的伊斯兰学校。1926年又创立伊斯兰教师联合会。他在教育、社会福利以及经济领域作出了诸多贡献。

三郎全集》10，第三文明社）

　　我们为了使悲剧不再重演，继承了牧口会长的遗志，多年来为建设世界和平而开展了民众运动。

　　此外，我所创立的创价学园与创价大学等以"人间教育"为理念的学府，也以培养能为和平作出贡献的人为目标。

　　瓦希德　几年前，我曾邀请访问印度尼西亚的创价大学的学生到我家做客。我和他们每个人都握了手，并合影留念。他们都是非常优秀的学生。

　　刚才听了先生的一番话，我更由衷地感到，正因为创价大学的源流中贯穿着有牧口会长的和平哲学，所以才能培育如此优秀的学生。

　　池田　身为创价学园和创价大学的创办人，我衷心地感谢博士的深情厚谊。学生们都非常感动，兴奋之情溢于言表。

　　令我们深感荣幸的是，令弟的千金也曾留学于我们创价大学，并于 2002 年以最优异的成绩毕业于日本语别科。

　　由于此种因缘，据说令弟也曾给予了创大学生以温暖的鼓励。

　　务请代为向令弟致以问候！

　　瓦希德　好的。

　　我侄儿夫妇因工作的关系目前在新潟生活。对我们家族而言，每年与日本的交流有所扩大，真是令人高兴。

　　池田　哦？是在新潟啊？新潟是牧口会长的故乡。

　　牧口会长生于 1871 年，博士的祖父也是 1871 年出生的吧，真是机缘巧合。

牧口会长后来从新潟只身前往北海道，开始有志于教育之道。

此后，牧口会长长年在东京担任小学校长，他以实现"为了儿童幸福"的教育为目标，确立了"创价教育学"。

我们创价学会就是以其著作《创价教育学体系》的出版为出发点的，起初是以教育工作者为主的团体。2010 年，它已迎来了创立 80 周年。

久仰为贵国独立作出巨大贡献并被誉为"国家英雄"的令祖父也以伟大的教育家而知名，听说他致力于引进近代教育，很早就引入了数学、科学及语言学等在当时来看划时代的学科。

瓦希德　是这样的。我的祖父创办伊斯兰习经院①的时候年仅 28 岁，他希望通过这所学校提升当地社会的道德与精神。

我祖父是在荷兰人经营的糖厂附近创立了这所学校的，当时那一带有很多酒馆和赌场，道德风气败坏。

但是，人们只能在那家工厂做工以维持生活，所以实属无奈。我的祖父就想通过教育来改变这一情况。

我祖父的信念是——"如果无法改变父亲的话，那至少通过教育去改变母亲和孩子。"

池田　观点十分敏锐啊！在某种意义上，母亲对家庭的决

---

①　伊斯兰习经院（Pesantten）是进行伊斯兰教育的传统寄宿学校，常见于泰国南部、马来半岛和印度尼西亚，近年来许多习经院也同时实施普通教育。

定意义更大。为了未来，把焦点放在"母与子"上日显重要。

瓦希德　祖父首先盖了一间"祈祷之家"，那是一个竹建的简易房屋。我祖父让孩子们在那里寄宿，远离坏人的影响，并对他们施以教育。

不久，这个"祈祷之家"就成为这一带重要的教育据点，并赢得了好评。

我祖父更不断地引进新改良的教育方法，还向其他的习经院推广。

据说在我祖父去世的时候，这里的学生已经有 2500 名的规模了。

这里的毕业生也肩负起其他习经院的活动，还涌现出许多开设新的习经院的毕业生。

池田　多么尊贵的一生！

可以说，教育这一圣业的意义正在于，它的光芒先是个人与个人之间薪火相传，进而照亮整个社会。

您的祖父身为伊斯兰团体"伊斯兰教师联合会"（NU）创立者之一，坚信并珍视"教育之光"和"教育之力"。

博士您也非常重视人性的提升。

您曾强调"把人从贫困与卑贱中提升上来"才是宗教的主要作用。

您还论述说："我们应当培育的道德心必须具备这样的——投身于尽力帮助穷人获得在安稳生活与基本人权之上的正当尊严的战斗。伊斯兰教的道德心，是主动对他人的痛苦加

以关怀的道德心。"（瓦希德《神不必被辩护》，姆·夏列·伊斯列编，LKiS，日惹，2000 年 8 月）

您的祖父的的确确度过了如您所说的那般伟大的人生。

瓦希德　承蒙先生对祖父的正确理解，我无比高兴。

祖父对他人向来宽容，我深受他一言一行的影响。

印尼有一个词叫"三德立"（santri），意思是"宗教学校的学生"。我不仅是对这些被称作"三德立"的人，对于其他很多团体的活动始终有同样的宽容，这正是学习我祖父的人生态度的结果。

尊重多样性才是繁荣的原动力

池田　我想，那种宽容精神与贵国所倡导的"多性中的统一"（Bhinneka Tunggal Ika）恰恰是相通的。

瓦希德　是的。印尼的多样性传统可以用"虽相各异，然成于一"（Bhinneka Tunggal Ika）这句话集中地体现出来，这是满者伯夷王国①的诗人门普·旦多拉尔②的一句名言。

---

① 满者伯夷王国（Kerajaan Majapahit）：13 世纪后半期至 16 世纪前半期繁盛的王朝。首都为爪哇岛的满者伯夷，其势力在 14 世纪后半期几乎遍及整个印尼。

② 门普·旦多拉尔（Mpu Tantular）：佛教诗人。14 世纪后半叶活跃于满者伯夷王国宫廷，留下了以宗教世界观为基础的宏大巨著。作品有《阿茹那维瓦哈》（kakawin Arjunawiwaha）、《须陀须摩》（Kakawin Sutasoma）。

"意见虽然不同，但仍在同一框架之内"的想法，是随着印尼历史的发展而孕育出来的。

事实上，此一传统是佛教徒带来的。

中国佛教人士义净①在印尼古代三佛齐王国②宣扬佛教时期，印尼的宗教教义也以多元的形态不断发展。

因此，我遵守和维护"多元性"的生活态度，可以说是义净等人所发展的佛教徒们的传统。

池田　您的这些话很重要。

三佛齐王国作为代表印尼荣耀的古代王国而闻名，当时，它成为连结中国、印度与罗马的贸易航线上的一大据点而非常繁荣。当时大乘佛教兴盛，它作为传播佛教的中心之一，成为各种文化和民族的交汇之地。史料还表明，它还与印度那烂陀寺③有着密切的交流。

三佛齐王国作为海上丝路的要冲，成为繁荣数百年的贵

① 义净（635—713）：中国唐朝佛教人士。效法法显、玄奘，经由海路到达印度，巡游各地。带回 400 多部佛经，并致力于佛经的汉译事业。

② 三佛齐王国（Samboja Kingdom）：7—14 世纪（有多种说法）繁盛的王国。曾在苏门答腊岛的巨港（Balenbang，音译"巴邻旁"）等地定都。马六甲海峡等贸易要冲也在其势力范围之内。

③ 那烂陀寺（梵名 Nâlandaâ）：位于印度东北部（今比哈尔邦境内）的学术寺院，是繁荣于 5—12 世纪的佛教据点，也被称为那烂陀大学（Nalanda University）。曾有数千僧徒，玄奘、义净都曾在此学习。

国古代王朝。那种绚烂的光彩，不仅历史学家，任何人都会写出它的浪漫故事。而与三佛齐王国齐名的还有代表着印尼荣耀的满者伯夷王国。

瓦希德　是的，满者伯夷王国是罗登·韦查耶①1293年建立的。

我推测罗登·韦查耶可能是当时出身于中国海军的华人。据说他们当中有很多人是伊斯兰神秘主义教团的成员。

有了华人伊斯兰教徒的保护，满者伯夷王国便成了拥有各种宗教和民族的繁荣国家。在宗教与文化的多样性下，满者伯夷王国存续了大约300年。

池田　尊重多样性正是活力的泉源，也是繁荣的原动力。这是宝贵的历史经验。

很希望今后在与博士的对谈中，能一方面聚焦于贵国将自古以来的多种文明连结起来并成为孕育交流的摇篮这一历史和传统，同时讨论现代世界所需的和平共存的条件。

瓦希德　明白了。我也希望通过与池田先生的对话，凸显出为此所需的智慧和历史经验。

---

①　罗登·韦查耶（Raden Wijaya，？—1309）：满者伯夷王国的创立者和第一位国王（克塔拉亚萨 Kertarajasa）。1293—1309 年在位。信诃沙里王国的最后一位国王克塔纳伽拉（Kertanagara）的女婿。他利用元军抓住杀害克塔纳伽拉、谋朝篡位的贾亚卡特望（Jayakatwang）以后，打退元军，建立了新的王朝满者伯夷（《元史》称满者伯夷为"麻偌巴歇"）。

　　池田　我很喜欢"没有上不了的山，没有渡不了的河"这句贵国的格言。我也是以这样的决心在全世界开展对话的。让我们在各个层面，推进旨在和平的"伊斯兰教与佛教的对话"吧！

第二章　跨越世界的友谊之桥

超越民族与宗教的普遍联系

池田　前些天（2009 年 7 月），在日本的古都奈良发现了迄今为止日本国内最古老的"伊斯兰陶器"碎片，这条新闻成了一大话题。

据推测，这些由海上丝绸之路传入的陶壶是 8 世纪后半叶西亚的伊斯兰帝国（阿拉伯帝国的阿拔斯王朝）的制品。

我在青年时期曾先后访问过历史上曾是伊斯兰帝国的伊朗、伊拉克、土耳其和埃及等地，那是我就任创价学会第三任会长不久后的 1962 年。当时的日本不允许自由出国，而且那时对中东诸国的偏见比起今天要严重多了。但我有一种非常强烈的想法，那就是为了和平，与伊斯兰世界开展交流和扩大友谊是绝对不可或缺的。

您曾在青年时期留学中东各国是吧？

瓦希德　是的。在池田先生访问中东的第二年（1963），我离开祖国开始了留学生活。我留学的大学之一是艾资哈尔大学①，它是一千年来伊斯兰世界中引领学术前沿的名校，位于埃及首都开罗。

我在艾资哈尔大学主修宗教学，在那里我学习到，在宗教上意见相左是很普通的事。在开罗，我接触到悠久历史的气息，也接触到欧洲与美国的文化，尤其是我广泛涉猎了大量的文学名作。

在开罗，多种文化的书籍非常丰富。那时我把大量的时间都花在了开罗大学和开罗美国大学图书馆，至今难以忘怀。

池田　这是一段珍贵的求学经历。

在创价大学创办当初，负责阿拉伯语讲座的老师（川崎寅雄先生②，日本阿拉伯研究的最高权威）也毕业于开罗大学。听说这位老师经常对学生说："习惯的不同，是件极其微小的事情，大家同样都是人嘛。要说起来，'伊斯兰'原本就是'和平'的意思呢。"他还强调："伊斯兰教是在不同的人们往来的城市中产生的宗教。"现在创价大学与您留下青春足迹的开罗大学和开罗美国大学都有学术和教育上的交流，学生之间一直互有往来。

―――――――――――――

① 艾资哈尔大学（Al-Azhar University）：创立于 970 年，是世界最古老的大学之一，位于埃及的首都开罗。起初为礼拜堂，后来发展为综合大学，积极从事伊斯兰法学及神学研究。

② 川崎寅雄（1914—1977）：开罗大学毕业后，相继在埃及、黎巴嫩及伊拉克的日本大使馆工作。回国后编纂日本第一部《阿拉伯语辞典》。曾在东京外语大学与创价大学任教，致力于后备人才的培育。

"学术""教育""文化"层面的交流，是可以超越民族与宗教的藩篱，扩大人类普遍性的联系的。

瓦希德 我非常理解。先知穆罕默德① 也教导我们说："要探求知识！即便到了中国。"

当时的阿拉伯世界认为中国是地理上最遥远的地方。穆罕默德认为，即使是到了遥远的国度，扩大交流也非常重要，这显示出他对不同民族所持的开放态度。

池田 是啊！

在佛教的历史上，也有很多开展和平外交的史实。在公元前 3 世纪时活跃于古印度的阿育王，就曾经根据释尊的教导，向希腊、马其顿、安那托利亚（小亚细亚）、叙利亚、波斯、埃及等地派遣使节。

包括贵国、埃及、土耳其、马来西亚、文莱等具伊斯兰传统与文化的国家在内 44 个国家和地区逾百所大学签署了交流协定。

留学生是世界之宝，未来之宝。

身为创办人，我经常鼓励和守护着他们，希望他们安心读书，度过充实的学生生活，希望他们成为卓越的领袖并对世界和平与社会发展有所贡献。

瓦希德 为了印尼与日本的友好，我也对学生和青年交

---

① 穆罕默德（Muhammad，570—632）：伊斯兰教的始祖。40 岁时接受真主的启示，觉醒成为先知。穆斯林认为，圣典《古兰经》就是真主传授给穆罕默德的话语。

流寄予了深切期望。我热切地期望青年，不要只考虑自己的利益，而要成为考虑社会利益的人，要成为为了世界的和平共存而付诸行动的人。

池田　我深有同感。

今年（2009）6月，美国总统奥巴马访问了埃及，在与博士相关的艾资哈尔大学和开罗大学共同主办的演讲会上发表了演讲，赢得了广泛的反响。奥巴马要促进对话和实现文明的共存，要与伊斯兰世界建立新型关系。他说："伊斯兰有着值得自豪的宽容传统。""我在童年时亲眼所见，印尼是个伊斯兰教徒占绝大多数的国家，但虔诚的基督徒却可以在那里自由地实践他们的信仰。我们今天所需要的正是这种精神。"（《奥巴马演讲集》，三浦俊章编译，岩波书店）

奥巴马总统的童年是在贵国度过的，他曾就读有许多穆斯林子弟的学校，有着与这些穆斯林朋友一起学习一起游戏的经历。通过这样的生活，他切身体会到了贵国所传承着的宽容精神。

我想，正因为这样，他才不被刻板的偏见所影响，才切实地加深了对伊斯兰教的理解。

瓦希德　奥巴马的演说，印尼的电视台也转播了，报纸也进行了大幅报道。

奥巴马总统所强调的宽容精神和对话的重要性，与我多年来的主张是一致的。美国领导人承诺要改善与伊斯兰世界的关系，意义非常重大。

"宗教自由"是民主社会的根本

池田　奥巴马在演讲中通过印度尼西亚的实例所谈的世界一大重要主题就是"宗教自由"。而致力于把"宗教自由"写入印尼宪法的，正是您的父亲瓦希德·哈西姆①阁下。

瓦希德　是的，的确如此。

我父亲建国以后就在政府中担任部长，他曾担任过三任宗教部长。

1945年我国在制定宪法②时，是否将伊斯兰教定为国教是一大争论焦点。当时一些以我父亲为核心的人呼吁"所有的宗教都应相互尊重"，后来宪法中就加入了保障"宗教自由"的内容。我父亲的这种想法后来在印尼社会被人们广为接受。

---

① 瓦希德·哈西姆（Abdul Wahid Hasyim，1914—1953）：印尼第一任宗教部长。作为伊斯兰领袖，曾任印尼伊斯兰教徒代表会议主席，还参与了独立运动。他热心教育事业，于1944年在雅加达创办伊斯兰大学。印尼独立后历任宗教部长等要职。

② 日本军政时期的1945年7月，旨在实现印尼独立的独立准备调查会对宪法的草案进行了探讨。在公布印尼共和国独立宣言的第二天（同年8月18日），独立准备委员会在首次会议中再次讨论并通过了宪法草案。前文有著名的建国五原则（Pancasila），被称为"45年宪法"。然而，先于日本殖民印尼的荷兰企图再度进攻并统治印尼。此战争后的1949年，印尼作为联邦共和国得到国际承认，实现独立。1950年8月15日，公布临时宪法（50年宪法），成为单一共和国。1959年又恢复"45年宪法"。

池田　这是重要的证言。贵国是世界上穆斯林人口最多的国家，这一英明决断具有世界史上的重要意义。

在第二次世界大战后东西冷战之中，我是始终关注贵国雄雄崛起的人之一。第一任总统苏加诺①作为政府代表明确表示，"尊重所有的宗教"，宣布"在宗教生活方面，没有比印尼更宽大的民族。"（日本印尼协会编译《印尼独立革命历史》，日本印尼协会）

以您父亲为首的那些人，为贵国确立了"宗教自由"和"宗教宽容"的方向，实在是功在千秋。

瓦希德　谢谢。

在印尼具有领导地位的祖父和家父都支持首任总统苏加诺，在宗教信条下始终为人民、为整个印度尼西亚而付诸行动。

池田　去年（2008）是《世界人权宣言》获得通过的 60 周年佳节。当时讨论《世界人权宣言》内容的联合国第三委员会具有不同宗教背景的各国有识之士共聚一堂，就"宗教自由"的条文进行了彻底的讨论。据说，他们从伊斯兰思想和佛教等东方哲学以及基督教思想等广阔的视野讨论了如何奠定人

① 苏加诺（Sukarno，1901—1970）：印度尼西亚共和国第一任总统。创设印度尼西亚民主党，领导印尼从荷兰争取独立的运动。在取代荷兰殖民的日本军政末期，他于 1945 年发表了印尼独立宣言并就任第一任总统。致力于"45 年宪法"的制定等建国事业。因亲共产党军人的政变而失去权力，1968 年退出政坛。

权的基础。当时一位发挥主要作用的人是巴西文学院的总裁阿塔伊德①博士。

总裁曾对我这样说道：“在现代社会，从重要性上来说，最应关注的就是‘宗教自由’。”（阿塔伊德、池田大作《畅谈21世纪的人权》，潮出版社）

我与总裁共同展望将21世纪变成“人权的世纪”，并出版了我们的对谈集。包括“宗教自由”在内的对人权的保障正是民主社会的根本。

宗教界如何从各自的思想哲学中汲取维护“人权”的精神滋养并实现强有力的团结，这可以说是今后愈发重要的课题。

在“人权”这一点上，您的父亲对于保护女性的权利和促进男女平等方面也有先驱性的贡献。

瓦希德　是的，1951年，在我父亲担任宗教部长时，国立宗教法官学校决定接受女生入学。而在此之前，没有人曾在国会上提出相关法案，也没有人为此行动。当时女性可以当部长，却不能当宗教法官。

我父亲开辟了这条路，现在就涌现出许多女性宗教法官，她们都在发挥着重要的作用。

---

① 阿塔伊德（Austregésilo de Athayde，1898—1993）：巴西文学院总裁。大学毕业后担任记者。1948年代表巴西参加第三届联合国大会，参与起草世界人权宣言，被誉为“南美人权之父”。著有与池田先生的对话录《畅谈21世纪的人权》。

池田　实在了不起！制定宪法时，您父亲刚过 30 岁，还很年轻啊。据说那时他已经作为最卓越的伊斯兰领导人，并作为即将主导印尼的青年领袖而备受瞩目。

听说您的父亲与您的祖父一样，年轻的时候就努力接受更为丰富的教育。他自学了英语和荷兰语，还积极通过报刊增广见闻。之后，他还通过自己创办的学校推动教育改革，并积极引进了宗教以外的科目。

他的活动领域不仅在"宗教"层面，而且扩大到了"教育"层面，我认为他很有远见。

瓦希德　当时学校基本上是学习阿拉伯文的宗教书籍，但我父亲的目标是把传统的伊斯兰教学习与近代教育融合起来。

我父亲结婚时，据说还曾教我母亲拉丁语的读法和荷兰语。他对教育就是热心到这种程度。（笑）

我的父母在 1940 年 8 月生了我，我是家里的长子。父亲给我取名"阿卜杜勒拉赫曼·阿达基尔"（Abdurrahman Addakhil）。阿卜杜勒拉赫曼的意思是"慈悲之仆"，阿达基尔则意味着"胜利者"。

其实这个名字来源于伊斯兰历史上的阿卜杜勒拉赫曼一世①，

---

① 阿卜杜勒拉赫曼一世（Abd al-Rahman Ⅰ，731—788）：后倭马亚王朝的创建者。在阿巴斯王朝征服倭马亚王朝时逃脱，登陆西班牙后建立后倭马亚王朝。治理国政 32 年，屡次克服叛乱等不安定因素，整顿政治及行政体系，奠定王朝的繁荣基础，在文学上亦有卓越成就。

他是建立后倭马亚王朝①的人物。后倭马亚王朝是8世纪至11世纪，建于现在的西班牙和葡萄牙所在伊比利亚半岛的伊斯兰王朝。

池田 刚才我们说到的奥巴马总统的演讲也曾提到这个王朝的首都哥多华，说它与安达卢西亚一样都是象征着伊斯兰宽容精神的城市。

在后倭马亚王朝的建国和学术发展过程中，犹太人及其他宗教信仰者似乎也十分活跃。

瓦希德 是的，哥多华是当时文化与学问的一大据点，天文学、化学和医学最为发达，史料上说那里还有许多来自基督教世界的留学生。

奠定后倭马亚王朝基础的人，就是被称为"阿达基尔"（胜利者）的阿卜杜勒拉赫曼一世。

也许我父亲是希望我能成为这位君主那样的人物，所以给我取了这个名字。

池田 真是个富有深意和期望的名字啊。

和平学者德拉尼安博士在谈到中世纪三大都市之一的哥多华时曾这样说："哥多华正是一个历史上证明了各种宗教可

---

① 后倭马亚王朝（756—1031）：繁荣于伊比利亚半岛的伊斯兰王朝。首都为西班牙的哥多华。前倭马亚王朝（661—750）以西亚的大马士革为首都，版图扩及中亚、西班牙和法国，最后被阿巴斯王朝所灭。当时流亡西班牙的阿卜杜勒拉赫曼一世建立了后倭马亚王朝。一般认为，是后马亚王朝将伊斯兰文化传入西欧社会的。

以共存共荣的地方。"（马吉特·德拉尼安、池田大作《面向21世纪的选择》，潮出版社）

您果然像阿卜杜勒拉赫曼一世建设的后倭马亚王朝那样，为了建设贯彻宽容精神的印尼社会而夜以继日地奉献，您的表现让名字中包含着的父亲的期待圆满地实现了。

瓦希德　谢谢，我也非常感谢我父亲的用心。

但是，与"阿卜杜勒拉赫曼"相比，"阿达基尔"在印尼并不为人所知，所以我后来把名字改了。

阿拉伯的传统中有继承父名的习惯。我父亲继承了祖父哈西姆·阿什阿里之名，叫瓦希德·哈西姆。所以我也继承父亲之名，改名为阿卜杜勒拉赫曼·瓦希德。

但是印度尼西亚人喜欢用"古斯·杜勒"（Gus Dur）这个昵称来称呼我。"杜勒"是阿卜杜勒拉赫曼的简称，"古斯"是对"奇阿依"（Kyai 或 Kiai，伊斯兰领袖）儿子的称呼，有兄长的含义。我父亲也常常被称作"古斯·瓦希德"，受到人们的爱戴。

建造人才之城，学习人类睿智的遗产

池田　这也象征着从您的祖父到您的父亲，再由您的父亲到您，传承着为民众贡献的精神以及民众对您们祖孙三代的热爱。这很让我感动。

日本也有"人如其名"的说法。名字不单是一个人的代

号，它还是一个人本真的体现。日莲大圣人的佛法也说："名必有至体之德。"（《御书》第 1274 页）

我的恩师户田城圣第二任会长，青年时期自称"户田城外"。"城外"是他给自己取的雅号，表达了他作为弟子要首当其冲地守护恩师牧口第一任会长，到"城外"去奋战于枪林弹雨。后来，他被日本的军部政府关进监狱，出狱后把名字又改为"城圣"，并给我这个弟子取了雅号叫"大城"，也包括了这个"城"字。

"大城"也是《法华经》中的一个词。恩师常说"要建造人才之城"，"人"就是"城"，"人才"正是和平与文化的大城。

在建立后倭马亚王朝的阿卜杜勒拉赫曼一世的同一个时期，日本有一位被称为传教大师的高僧，他宣扬《法华经》，《法华经》于是成为日本史上光辉绚烂的"平安文化"的精神基础。

传教大师曾论述何谓真正的国宝，他断言："有道心（追求真实之道的心）之人，名为国宝。""能行能言者，国之宝也。"（安藤俊雄、园田香融校注《山家学生式》，收录于《日本思想大系 4·最澄》，岩波书店）。

探求和实践伟大的人本主义哲学的人，可以开创面向和平、面向正义和面向繁荣的历史，这样的人正是国宝。

从这个意义上说，您的祖父、父亲及您本人都是贵国的国宝，我为您们表示赞叹。

请问您有哪些儿时与父亲的难忘回忆？

瓦希德 我父亲是伊斯兰组织"伊斯兰教师联合会"的领袖，印尼独立之后他作为政府部长担当国家重任，每天都十分繁忙。但我记得他还是尽量挤出时间在我们家的院子里和我们一起踢足球。

我小时候很调皮，爬树的时候两次把胳膊摔骨折了。对于这样顽皮的我，父亲总是很耐心地守望着。

那时家里有许多书，把家塞得满满的。正如刚才池田先生所说，我父亲通晓英语和荷兰语，非常关心世界局势。由于我在这样的环境下长大，所以我养成了爱读书的习惯，阅读了很多世界文学作品。

池田 可以想见那温暖的父子之情。

青少年时期阅读好书是一生之宝，可以建立起牢固的人生基础，也会变成孕育宽容精神的力量。出色的古典名著是人类共同的精神遗产。

您父亲是自然而然地创造了这种环境吧？

我也曾努力让孩子在自然的情况下尽量喜欢读书。我还把家里书柜的门拆了，这样孩子就可以更方便地拿书来看。有的时候，我故意求孩子："爸爸的书放不下了，能不能帮我放几本？"（笑），然后把书摆到孩子房间。有时候我在繁忙的日程当中，抽空和孩子一起去书店买书，跟他们说："你们可以每人买三本自己喜欢的书喔。"有时候我也把我年轻时深受感动的书送给他们。

您在您父亲的影响下喜欢阅读，那在世界文学作品中您最喜欢的是哪部作品呢？

瓦希德　我看过的文学作品很多，这个问题不太好回答。（笑）

不过年轻时我读过的作品中，如果要举对我影响最大的，有圣埃克苏佩里的《夜航》、海明威的《老人与海》和斯坦贝克的《小红马》等。

《夜航》写的是航空事业还没有真正发展起来的时候那些"蓝天开拓者们"的故事，内容非常引人入胜。当时的长途飞行简直是悲壮的生死赌注，是一种独特的体验。这种紧张感使得故事别有意味。

让我难忘的是故事结尾的一段话："一次胜利可使一个国家的人民变得柔弱，而一次失败亦可使另一个国家的人民开始觉醒。"（《圣埃克苏佩里选集2·夜航》，山崎庸一郎译，密斯兹书房）

这是我年轻时就喜欢读的一本书，现在也想推荐给广大青年。

池田　是啊，这也是一部我非常喜欢的名著。

我年轻时最喜欢的文豪之一是歌德。我印象特别深的是他在年轻时写的一封信中引用了《古兰经》中的一节："真主啊，请让我狭隘的心胸变得宽广！"（《歌德全集》29，木村谨治译，改造社）这句呐喊也是歌德决心汲取世界智慧、磨炼自身精神的青年气概的体现。

您还有其他的关于您父亲的难忘回忆吗？

瓦希德　那是我 5 岁的时候，大约是一天的晚上 8 点，有人敲我家的门。我开门一看，门外站着一个穿蓝色衣服、身材消瘦的陌生男人。那人说："你爸爸在家吗？请告诉他万丹的和森来了。"

我回到房间告诉了父亲，我父亲当时正稍事休息，他立即起身，对我说："去告诉妈妈，'万丹的和森先生'来了。"那个人我从没见过，但父亲的表情却那么认真，我吓了一跳，心里想他们是什么关系呢？后来才听说，他是我父亲的一位老朋友。

长大了以后，我才知道这位自称和森的人，其实是著名的共产党人陈马六甲①。他当时被迫长年过着流亡生活，在政治上处境艰难。我想他不说真名，是为了不使和我父亲见面的事被他人发现。

我父亲就是这样珍惜友谊，而不管对方的立场和职位如何。

池田　这件事的确体现了您父亲的伟大人格。

瓦希德　我还记得，小时候父亲带我去天主教党卡西摩议长那里，父亲从口袋里取出一个小包递给了他。我很好奇那是什么东西，回家的路上我就问父亲，父亲说："卡西摩为了

---

① 陈马六甲（Tan Malaka，1897—1949）：印尼革命家。曾任印尼共产党主席。积极与伊斯兰势力合作，同时领导反殖民抗争。1922 年被迫流亡国外，在中国、东南亚展开个人活动。他呼吁反帝国主义以及东南亚国家间的合作，这一思想后来获得世人认可。

给穆斯林党（Masyumi Party）的布劳奥特·曼克沙斯密特副议长买房子正在筹钱呢，所以爸爸也给了点支持。"

我听了非常感动。因为穆斯林党（Masyumi Party）要建立伊斯兰国家，布劳奥特是党的领袖。尽管如此，议长和副议长两人却能作为印度尼西亚的国民，超越各自的立场，彼此建立友谊并怀有深厚的感情。我父亲当然也欣然予以援助。

那时的感动至今仍铭刻在我的心中。

为了和平友好的正义事业

池田　我深为这深厚的友谊而感动。

友谊正是人之为人的高度自豪的证明。

博士喜爱的圣埃克苏佩里也是一位赞美友谊、追求合作的作家。他说："人可以通过发现他人的内心来丰富自己。""作为人，以共事者取得的胜利为荣。"（《人的大地》，堀口大学译，《世界文学全集》40，集英社）

我还想起，圣埃克苏佩里曾进一步论述过："只有'人'才是各国国民和各民族共同的尺度。""'人'才是我们文化的本质，才是我们共同体的基石，才是我们胜利的原理。"（《圣埃克苏佩里选集4·空军飞行员》，山崎庸一郎译，密斯兹书房）

人是可以超越各种差异作为纯粹的人而携起手来的。

1974年，我在东西冷战最严峻的时候，继首次访问中国之后又首次访问了苏联，因而受到了强烈的抨击："为什么要去苏联？""宗教人士为什么去否定宗教的国家？"而我这样回答："因为那里有人。""我去，是为了见人。"

我在邀请我的莫斯科大学说了这样一番话："在西伯利亚的美丽冬天，从民宅窗户中透出房间的灯光，让人感到心灵的温暖和人的温暖。我向大家承诺，我们一定也会超越社会体制的差异，去珍惜人们的心灵之灯。"

瓦希德　我非常理解您的心情。

池田　1968 年，在敌视中国的观念还根深蒂固的时候，我提出"日中邦交正常化"的建议也是基于这一信念①。

为此社会上马上兴起一股谴责的狂潮。我几乎每天都接到骚扰恐吓电话或信件。但为了亚洲的稳定与世界和平，也为了后代子孙，日中这两个邻国一定要友好，这一信念我未尝动摇。

我的这个建议，中国的周恩来②总理非常关注，这是我后来才知道的。

---

① 1968 年 9 月，时任第三任会长的池田在第 11 届学生部大会的演讲中就日本对待中国的立场提出以下几点具体建议：①正式承认中华人民共和国政府的存在；②准备联合国中的正当席位；③推进经济、文化方面的交流，等等。

② 周恩来（1898—1976）：中国第一任国务院总理。缔结中苏友好同盟互助条约、与印度尼赫鲁总理提倡"和平五原则"、实现中美和解、恢复中日邦交。此外还提出新的国家政策大纲。他在内政、外交两方面都展现出非凡的智慧。

1972 年，日中邦交正常化终于实现了。

周总理曾在印尼的"万隆会议"①上谈道："和平友好的正义事业不容破坏。"（森下修一编译《周恩来选集》上，中国书店）

的确，"和平友好"必须通过各国相互靠近、国际社会整体共同努力来推进。

瓦希德　我就任总统后立即表示要与没有邦交的以色列建立通商关系，那时也遭到众多反对。我明明知道会有各种批判，但还数次访问了以色列。

我始终认为，多年以来，我国与以无神论为国家支柱的苏联和中国都建立了关系。那么与其他国家，无论有过怎样的过去，无论存在多大的难题，都应该努力探索建立关系的突破口。

池田　对此我深以为然。

2007 年我与俄罗斯驻日大使别雷（Mihail Mihailovich Beli）会面，别雷先生在驻日之前曾任驻印尼大使，他非常重视俄国与印尼间具有的深厚的历史和传统关系，对于两国关系在各领域取得的进步他感到非常高兴。

谈话中，我们对于您超越民族与文化差异，致力于扩大

①　万隆会议：于 1955 年 4 月 18 日至 24 日在印尼万隆召开的亚非会议。包括日本等 29 个国家与会。通过反殖民地主义、民族自决、确立基本人权及禁止核武器等和平十原则，成为以亚非团结合作、扩大和平为目标的历史性会议。

对话都表达了敬重之情。别雷大使强调说："在俄国也有约两千万名穆斯林，与不同宗教的人们和平地生活和工作。正因为我们是多宗教共存的社会，所以我们深深体会文明间对话和宗教间对话的重要意义。"

这种文明间与宗教间的对话，都是从一对一的对话和一对一的友谊拓展开来的。

瓦希德 *深有同感。*

实际上，日本曾经占领过我国，这是一个不争的历史事实，但我个人并没有特别负面的印象。当然，印度尼西亚人的想法不会都和我一样，人都有各自不同的经历和看法。

我父亲也有过一个日本朋友，他曾在泗水经商，名字叫河野。

哪个国家都有好人和坏人。我想，当时并不是所有的日本人都支持有战争野心的军事政权，也有像创价学会牧口第一任会长和户田二任会长那样因反对日本的军事政权而蒙牢狱之灾的日本人。

池田 感谢您深刻的理解。

您的话使我想起在与中国的多次交流中受其关照的黄世明先生（中日友好协会副会长）。黄先生在日本神户出生，在那里经历了战争灾难，回国后又目睹中国因日军侵略所造成的创伤，自此开始为中日两国的友好倾尽全力。

我也在战争中失去了家人。"不能再有战争"的想法与黄先生是完全一样的。

黄先生也是我与邓小平① 先生、周总理夫人邓颖超② 等中国政要会见时的翻译，我们之间私交甚笃。他曾在人民大会堂以宏亮的嗓音为我们做翻译。

我在第八次访问中国（1992）时，听说黄先生患了重病，我马上赶往病榻前看望他，并赠送了和歌：

"祈念复祈念——再见仁兄展笑颜。"

两年后，黄先生恢复了健康，夫妇来访日本，听到他那一句"看我都这么精神了"，我真是高兴极了。

犹记得最后一次见面时，他说："您送我的和歌，至今我仍珍藏着。每当看着那首和歌，就涌现了力量，增添了勇气。"黄先生当时开怀的笑容，至今仍浮现在我的眼前。

瓦希德 这是一个让人感动的故事。正是在痛苦和难过时，才更需要相互鼓励和相互支持。友谊确为人生之宝。

池田 您父亲不断扩大与各方面人士的交流而具有很高的声望，他是珍视友谊的楷模。

您的父亲作为肩负国家重任的领导人而深孚众望，却因车祸英年早逝，实在令人惋惜！这无论对于您的一家而言，还

---

① 邓小平（1904—1997）：中国政治家，中国共产党卓越领导人之一。"文革"结束后，曾推动改革开放等基本国策的出台和实施。

② 邓颖超（1904—1992）：中国政治家、社会活动家。五四运动时与周恩来相识、结婚。毕生致力于民主、妇女运动。历任中国共产党中央委员等职。作为"人民之母"深受中国民众爱戴。

是对印度尼西亚整个国家而言，都是不可估量的损失。

伟大精神的传承

瓦希德　我父亲 1953 年 4 月 18 日去世，享年 39 岁。很多人都来凭吊家父之死，为他的英年早逝而惋惜，很多人还说："瓦希德·哈西姆如果在世的话，会是苏加诺总统的继承人吧。"

由于一家之主突然离去，重任就落在了我母亲这个平凡的主妇身上。

我是长子，当时才 13 岁，而我母亲要一手拉扯 6 个孩子长大，我外公就提议让我们搬到老家宗班县德那尼亚住，但我母亲没有接受这个建议，她是把孩子们看作父亲的"遗产"，希望我们受到良好的教育，因此决定留在雅加达。

也正因为如此，我和弟弟们都能接受教育而免于无知。我深深地感谢母亲。

池田　您讲的这些非常珍贵。我想您的一家也是受了不少苦。

听说您母亲在您父亲去世之后，继承您父亲的遗志，为了印尼社会的发展而开展了积极的行动。

瓦希德　是的。我母亲始终如一地从事社会服务。无论是什么事情，只要能为广大的社会作出贡献，她都自告奋勇地负起责任。

　　母亲在我父亲倾注了热情的"伊斯兰教师联合会"（NU）的活动中，也成为了女性运动的核心人物推动了运动的开展。她还作为印度尼西亚国民议会的议员，深受许多人的爱戴，被誉为"社会大众之母"。

　　我所到之处，别人总是说："您就是那位母亲的儿子啊。"我见到的那些人，都争先恐后地告诉我是如何得到我母亲帮助的。他们的每一句话都使我这个做儿子的深深地以母亲为荣。我不仅是从母亲身上，更从大家的话语中，了解了母亲的善良、温和与坚强。

　　池田　您的父亲和母亲都很伟大。而不负父母之心站立起来的孩子们也很伟大。从您的祖父开始，您们家族三代所累积的功绩永照千秋。

　　我的朋友——圣雄甘地①的孙子"甘地非暴力研究所"的创始人阿伦·甘地②博士一家，也有三代与种族歧视奋战上百年的历史。

　　我至今难忘，阿伦·甘地博士曾说："我要汇聚祖父的光

---

①　圣雄甘地（Mahatma Gandhi，1869—1948）：印度思想家、政治领袖。Mahatma 是"伟大灵魂"之意。甘地以"非暴力""不服从"的和平手段，领导印度从英国殖民统治下独立。他在印度独立的 1948 年，被印度教狂热分子暗杀身亡。被誉为"印度独立之父"。

②　阿伦·甘地（Arun Gandhi）：1934 年生，圣雄甘地之孙，是位于美国的甘地非暴力研究所所长。出生于南非，在印度当过新闻记者，后赴美。他在美国推广祖父的非暴力精神，同时从事青少年教育、援助犯罪被害人回归社会的工作。

彩，作为人生的目标，不断提升自己。"他还说，他父亲也教导他，无论在什么地方，如果发现违背正义的事，都必须挺身而出。(盐田纯《继承甘地非暴力、不服从的系谱》，日本放送出版协会)

恩师户田会长经常强调："三代起决定作用，三代很重要。"

多年来，我作为继承牧口第一任会长、户田二代会长精神的第三任会长，一直为在世界建立牢固的"民众的和平携手"而奋斗。而同为第三代的瓦希德博士继承先人的伟大精神，为世界和平不断努力。我认为，这种相似加深了此次对话的意义。

我确信，任何团体和任何国家，只要有精神的传承，绝不会失去前进的动力。

第三章　青春的苦斗与人生的探究

日本与印尼相通的"人之面孔"

池田　首先，我对这次（2009 年 9 月 30 日）苏门答腊附近海域的地震所造成的巨大灾害表示衷心的慰问。正因为日本也经历过大地震，所以更能理解贵国人民的悲伤与劳苦。我为遇难者的冥福而深深地祈祷，并强烈祈愿贵国早日复兴，受灾的人们能早日恢复安心与安全的生活。

瓦希德　感谢您如此郑重的慰问。对于您的深情厚意，我实在感到惶恐。我国现在正在全力以赴进行灾后重建。

池田　感谢博士在百忙之中与我对谈，这次还请您多多关照。

瓦希德　是我要感谢您，这是非常难得的对谈，请您多关照。

池田　我的恩师、第二任创价学会会长户田先生曾深切地希望实现亚洲的和平、安定与民众的幸福，同时还着眼于建设与亚洲各国的友好未来。他经常对青年们说："一切开始于心与心的交流。因此，进行和平的和文化的对话非常重要，这种对话可以就彼此国家的故事和文学进行坦诚的交流。"我觉得所言极是，也有深切的体会。

　　贵国印尼是一个丰富多彩的故事宝库。比如，有一部著名的历史文学经典《巴赛列王传》，是吧？

　　瓦希德　是的。巴赛王国是13世纪前后在印尼成立的第一个伊斯兰国家，正式名称为"苏木都剌王国"（Samudera Pasai）①。

　　池田　巴赛王国的建国故事是从在竹子里发现一位公主开始的——"大王正要用山刀破竹，从竹子里出来了一位面容姣好的女孩。"（《巴赛列王传——最古老的马来历史文学》，野村亨译注，平凡社）

　　瓦希德　是的，大王给她起名为"大竹公主"，并与王妃百般疼爱地把她养大。

　　池田　有研究认为，这个"大竹公主"的故事与日本留传千年的《竹取物语》非常相似。《竹取物语》是讲，有一天，砍竹的老翁看到一棵根部发光的竹子，走近一看，竹子里有个可爱的小女孩，老翁夫妇就把她当作女儿来抚养。这个女孩拥有无与伦比的美貌，人们都称她为"竹取公主"。很多贵族

---

① 苏木都剌王国（Samudera-Pasai）：亦称为"八昔"（Pasai）。从13世纪后半叶至16世纪前半叶，建立于苏门答腊岛北部的王国。"苏门答腊"一词即源自"苏木都剌"。系由马来裔人建立的国家，坐拥海港成为贸易据点而繁荣。1524年被亚齐王国所灭。

向她求婚，她都不同意。后来，她的出生地月都派人来接她，"竹取公主"便依依不舍地和她的养父母告别，回到月都去了。

因此，日本人得知贵国"大竹公主"的故事后，觉得这简直是"印尼的《竹取物语》"，惊讶之余也倍感亲切。

瓦希德 的确很像，如此一致令人饶有兴味。能在不同的文化中发现人的共同"面相"，实在是一大惊喜。

池田 除此之外，贵国与日本之间还有很多相似的传说。有人认为在追寻日本古老传说的起源方面，贵国是一大重要的存在。

听这些古老的故事，就能了解这个国家大体的原始风貌。对您来说，什么是贵国的原始风貌？特别想请您谈谈自己的家乡。

瓦希德 我出生和长大的地方，是印尼随处可见的普通农村。我时常想起那田园风光。1940 年 8 月 4 日，我出生在东爪哇宗班县德那尼亚村，村里多数居民以务农为生。

池田 历史学家汤因比博士也对贵国美丽的田园风情感铭至深，他甚至在游记里这样写道："我来到了一个'自然'被人类用无限的爱与劳作来抚慰的世界。""在层层稻田宁静水面上倒映着奔跑的云彩，看了令人心旷神怡。在这古老的国度，处处有水缓缓地淌出，一片生机盎然。"（《从东到西》，黑泽英二译，每日新闻社）

读了这些文字，我的眼前便浮现出自然的生命与人类的生命交相辉映的光景。

博士在幼时都玩些什么呢？

瓦希德　小时候我喜欢在伊斯兰习经院（Pesantren，又称"巴山甸"）前面的河里游泳，放学一回家，我就马上和喜欢游泳的朋友们一起去游。

村庄南边有座名叫"东克罗诺"（意思是"守林人"）的小山，那也是我的嬉戏之地。东克罗诺曾是满者伯夷王朝时王子们用以监视从茉莉芬（Madiun）与谏义里（Kediri）方向入侵之敌的地方。

我还很喜欢玩捉迷藏（笑），喜欢跟着把甘蔗运送到糖厂的轨道小货车后面跑。那周围曾有一大片甘蔗田。

池田　您是在美丽的自然和充满生机的农村中自由自在地长大的啊。说到"轨道小货车"，日本文豪芥川龙之介也有以此为题的名作。作品惟妙惟肖地描绘出了他小时候坐上向往已久的"轨道小货车"时的喜悦和随车远走后的不安。以前日本是经常会看到"轨道小货车"的。

您小时候是怎样的一位少年呢？

瓦希德　小时候我常"吵架"，（笑）跟朋友聊天的时候，如果稍感对方不正确或不合适时，就会辩论到底。所以看到现在我还喜欢辩论，觉得对方说得不对就会毫不客气地反驳，这就不足为怪了。

池田　我明白了（笑）。这是对的，无论对方是什么样的人，该说的话就要勇敢地说出来。这是青年的特权，也是磨炼坚强信念之道。

我在创立创价学园时，提出的校训之一就是"堂堂正正说出自己的信条，勇敢地为了正义而行动"。直到今天，创价学园在这一校训下，成为代表日本辩论水平的名校。

瓦希德 这太棒了！

池田 说到"吵架"，我想起我第一次与苏联总统戈尔巴乔夫在莫斯科的克里姆林宫见面（1990 年 7 月）的事。当时日苏关系紧张，戈尔巴乔夫是否访日还很微妙。

在会见时，我开门见山地说道："今天，我是来和总统'吵架'的，我们可以就任何问题坦率地交换意见，也可以有火药味。为了人类，也为了日苏两国！"

戈尔巴乔夫先生好像有些惊讶（笑），但他马上理解了我的真意，满面微笑地回应说："我也喜欢坦率的对话。"正是在这次会晤中，他作为苏联国家元首第一次表达了访日的意向。

我们的友谊跨越了时代的激流而且不断加深，我们的对谈也结集出版了。

与瓦希德博士的讨论，我希望也能愈加直抒胸臆。

瓦希德 是的，我的信条也是要把话说到心灵上达到彼此理解，所以对我来说，池田先生是最好的对谈伙伴。

培育生命的农业，培养人性的传统文化

瓦希德 池田先生出生于 1928 年，您对童年生活有哪些回忆呢？

池田　我家世世代代在东京湾从事海苔的养殖与生产。从沿岸到近海，总是等距离地排列着养殖海苔的竹竿。

岸上受海风吹拂的原野上，四季都开着美丽的花朵，那里可以说是都市中的乡下。对儿时的我来说，碧波闪闪、海浪拍打着的沙滩是最好的游玩地。新年时，我总在那里忘情地放风筝。

我们的小学就在田园中央，冬天田地结冰时，我们就把剖开的竹片绑在脚上玩滑冰。

冬天是海苔的收获季节。天亮前，就得在寒风之中乘着小船出海，把手伸进冰冷的海里摘取附着在竹竿上的海苔，我也经常早起帮忙。

虽然家业辛苦而繁忙，但我母亲却总是非常开朗、乐观。

就从我自己的这点经验，总能想见农业和渔业经营者的辛劳。无论如何，从事农业和渔业都必须有踏实与坚韧的精神，否则无法坚持。正因为非常辛苦，与自然共同培育生命的喜悦与自豪也更强烈。

我听说您自幼也目睹村民们辛勤的劳作，想必这给您带来了许多感慨与激励吧？

瓦希德　是的，正如从事农业那样，对待自然应心存感激。对于很多印尼的国民而言，珍惜自然的恩泽是根植于生活的传统。我国目前约一半就业人口从事农林水产业。

池田　日本自古就从贵国那里得到了农业上的莫大恩惠。一说在 17 世纪前后，传入日本的马铃薯拯救了许多备受饥馑之苦的百姓生命。马铃薯用日语讲叫 jagaimo，就是"雅加达之薯"的意思。这个名字就包含了对于贵国的感谢。去年（2008），一项新发表的基因研究指出，日本主要栽种的粳稻（japonica），可能是起源于印尼等地以前栽种的稻种。（根据茨城县筑波市的农业生物资源研究所的研究团队的调查）

在农业领域，自古以来就有超越国界和超越文化圈的交流。农业是提供食物、孕育生命最尊贵的事业。

瓦希德　我的感受与您完全一致。

池田　在日莲大圣人的佛法之中，也有"王以民为亲，民以食为天"之说（《御书》第1554页），强调国家的根本是民众，而维持民众生命的食物是第一至宝。

此外，农业也是文化之母，是与自然共生智慧的泉源。从这个意义上说，不重视农业的社会就会成为漠视生命的野蛮社会，在各个方面都将无法前行。这是一大至理。

农村还往往传承了在城市很容易失去的宝贵的传统文化。

瓦希德　正是如此。我小时候，乡村生活的文化以钻研《古兰经》为核心，许多人通过研究而有了深厚的信仰之心。这种文化至今仍在持续。

在我的故乡还有叫作"本·吉诺"的华人墓园，我和朋友经常去那里玩耍。还有名为"克加温"①的爪哇传统的精神

---

① 克加温（kejawen）：爪哇的民族宗教，意为"爪哇的原始信仰"。尤其用于与外来宗教作区别时使用。融合印度教、佛教、伊斯兰等各种教义，进而形成爪哇独自的信仰。

修炼场，也依然保存至今。

池田 博士的故乡是多彩多姿的民族与宗教文化共存和融合之地啊。

在民间传说和戏剧中，您对哪一种传统文化比较熟悉呢？

瓦希德 我自幼喜爱的传统文化有哇扬皮影戏（Wayang Kulit）。在皮影戏中，还有我尊敬的印度教文化中的戏剧人物，我还把这些剧作中的人物当作日常生活的楷模。

池田 皮影戏有 1000 年的历史，是贵国传统戏剧哇扬①中具代表性的艺术。

哇扬中融合了《罗摩衍那》②和《摩诃婆罗多》③等古印度的宏大叙事诗以及印度教、伊斯兰教和佛教等宗教理念和贵国的古老文化，富有多样题材、故事和表达方式，这是非常有趣的，正是象征贵国的文化。

---

① 哇扬（Wayang）：流传于印尼、马来西亚的传统戏剧。主要于节庆或消灾除厄的仪式中演出，除具代表性的皮影戏外，也有木偶戏及戴面具舞蹈上场。哇扬是"影子"之意。

② 《罗摩衍那》（Ramayana）：古印度史诗，意为"罗摩王子传奇"，是阿逾陀国的罗摩王子寻求被诱拐王妃悉多的故事。据称是诗人蚁垤（跋弥）于约 3 世纪时所编纂，为梵文，全 7 卷，24000 诗节。

③ 《摩诃婆罗多》（Mahabharata）是与《罗摩衍那》齐名的古印度史诗。以持国与般度这两支婆罗多族后裔间的争斗为主题，内容包含了印度教的故事和诗歌等。现存的内容被认为完成于 4 世纪前后，梵文共计 18 卷，由 10 万诗节构成。

在哇扬的剧目中，在少年时代记忆特别深的是哪一出？

瓦希德 例如，我受皮影戏中的人物罗波那王（Ravana）之弟康巴哈那（Kumbhakarna）的影响很大。他是一位喜欢斋戒修行、还做过大臣的战士。

故事中，战士康巴哈那在最后的战役中，与被描述为有德之人的苏格里瓦（Sugriva）见面，他这样说道："我奉您之命保卫阿连卡·迪拉加王国，这也是我对人民与国家之爱的证明。为此，我穿上表达忠诚于人民和国家的服装，必要时，我也要以死来证明。"

这是皮影戏中的一个故事，（在印尼爪哇，掌握《罗摩衍那》《摩诃婆罗多》等内容，独创出据传有 300 部皮影戏剧目。这里所谓的罗波那王之弟，战士康巴哈那、苏格里瓦皆出自《罗摩衍那》的登场人物）它是康巴哈那为人民与国家献身的证明，这里描写了他即便要牺牲生命也要为人民和国家做贡献的人生态度。

池田 您自青年时期开始，就走上了体现领袖精神的道路，为了民众而献身而战斗。这种勇气、诚实与慈爱，正是成为领导者的条件。您正是这样的楷模。

和平是人类应该迈出的第一步

瓦希德 谢谢。回想我的人生，我出生在 1940 年，5 岁时战争结束，所以对我来说战争经历微乎其微，从这个意义上说，我与战后普通孩子的生活是一样的。

因为住在乡下，所以我们缺乏思考域外社会的信息。虽生于战争年代，但我对于战争的残酷并不十分了解。

池田先生是在经济大萧条、社会日益混乱、第二次世界大战即将爆发的乌云涌动的时代中度过了青春时期。对于军国主义统治下的生活，您一定有特别的感受。如果可以，也是为了印尼的青年们，请您谈谈您青春时期经历的战争。

池田　战争，真的非常残酷。

我的 4 个哥哥先后被征召入伍，我敬重的大哥喜一 29 岁时便在缅甸阵亡，我们家得知这一死讯时，战争结束已经快两年了。我母亲无论遇到什么困难都非常坚强，但她得知大哥死讯时哭得全身颤抖，那背影我至今难忘。

大哥曾一度退役从中国回来，他满腔愤怒地对我说："日军太过分了！这样下去中国人实在是太可怜了！"

这句话成了大哥的遗言。

瓦希德　池田先生非常敬爱您的母亲和兄长，这我以前就听说过。

池田　战争期间，一个被日军击落飞机而跳伞的美军年轻士兵降落在我们疏散地的房子附近，他被抓住后被众人用木棒殴打、用脚踢，随后被蒙住眼睛由宪兵带走了。

我把这一情形告诉了母亲，母亲感叹道："可怜啊，可怜！他的母亲会有多么的担心。"因为战争，太多青年被夺去了生命，也有太多母亲流干了眼泪。所以，我对战争是坚决反对的。

瓦希德 非常感谢您这些十分珍贵的话。

大凡为了和平、为了人类而奉献到底的人，都有一些经历作为他坚强信念的基础。您的和平倡议之所以在任何时候都如此强有力，正是因为先生早在年轻时就一窥战争的本质，并从这一原点出发为了和平而不断奋斗至今。

池田 此前我曾与格沃什科学和世界事务会议（Pugwash Conferences on Science and World Affairs）领导人约瑟夫·罗特布拉特（Joseph Rotblat）博士对谈。我说，战争是一种疯狂的行为，它会把人变成愚蠢的动物，会让那些憎恨野蛮的人也走向野蛮。

关于这一点，贵国著名的文化人士阿里夏班纳（Sutan Takdir Alisjahbana）博士在谈到战争教训时曾一语中的："人纵然有其心，但若忘却了它，残暴的一面就会显露出来。"（收录于后藤乾一监译《战争与爱》（下），摘自后藤乾一《编译者后记》，井村文化事业社）

我的毕生之作《人间革命》正是怀着对使人失去尊严的战争魔性的愤怒而写，怀着超越与克服这种魔性的决心而写。小说开头这样写道：

> 没有什么，较之战争更残酷！
> 没有什么，堪比战争更悲惨！

在续集《新·人间革命》的开头，我曾这样写道：

没有什么，较之和平更尊贵！

没有什么，可比和平更幸福！

和平，才是人类应当迈出的根本性一步。

瓦希德　这些话让人发自内心地感动。

战争是人类最丑陋的形象。这并不限于与外国的战争。即使是在身边的关系之中，也会因为权力和政治的平衡性而被置于"战争状态"。

我从不怨恨和憎恨别人，而是努力与所有人建立良好的关系，但却由于政治等方面的理由，我三次几于丧命，而要我命的竟然是与我私交甚笃的人。所以我非常能够理解您所说的——战争或争斗会使人变得野蛮。

由于卷入这些纷争，我至今仍遭受着各种非难与中伤，这是一个事实。

但直到今天，我仍有为民众持续战斗的自豪，也有自认为正确的信念，所以任何事都可以忍受，我把这一切都看作是对我的考验。

向身边善良的人们学习

池田　伟大的哲人和改革者遭到诽谤和迫害，是历史上常见的现象。

那位非暴力斗士甘地也达观地认为，改变时代的崇高运动都会经过不被关注、遭到嘲笑、非难和压制的阶段而最后赢得尊重。(K. 克里帕拉尼编《甘地语录不抵抗，不屈服》，古贺胜郎译，朝日新闻社)

您在一以贯之的信念之下的所作所为，一定会作为印度尼西亚前进基石而得到正确的评价，也一定会得到感谢与赞赏。您向印尼，更向伊斯兰社会和世界发出的"宽容"与"共生"的信号，必将与日增辉。

您不屈不挠的信念在很大程度上是受家庭的影响吗？

瓦希德　是的。这的确是我从祖父那里继承而来的。当然，我的父亲在这方面也给了我很多影响。这令我无比自豪。

我小的时候常同祖父一起睡，他躺在我的旁边，总是讲很多话给我听。比如，他教给了我宽容的精神，让我"要尊重所有人的想法"。

我很庆幸身边有这样好的榜样和这样伟大的教育家。

池田　这话非常重要。小时候周围就有值得尊敬的人，并能目睹他的人生态度和行为方式，这是一种幸福。而能将他们的教诲谨记于心并终生贯彻，这样的人生是伟大的。

曾与我对谈的南美阿根廷人权斗士埃斯基维尔① 博士也是

---

① 　埃斯基维尔（Adolfo Perez Esquivel，1931）：阿根廷人权活动家、和平运动家。1974 年创设人权团体"和平正义服务"，在拉丁美洲各国展开拥护人权活动，因此遭驱逐出境和入狱。1980 年获颁诺贝尔和平奖。他同时也是雕刻家、画家、建筑师和教育家。与池田先生共著对话录《人权世纪的建言》。

这样的人。他斩钉截铁地说，作为原住民历尽艰辛并真诚地为他人奉献的平民祖母，才是"我的英雄"。

家，是人生最早的也是最好的学校啊！

小时候，父母总是跟我说："不能给人添麻烦"，"不要说谎"。这些话，今天也常从我的内心涌出。

而且，我心里还常记得青少年时期曾在身边照顾过我的人。在战争时期，患肺结核的我即便咯血也要在军需工厂工作，病情不断恶化。当时工厂医务室有一位上了年纪的妇女热心地看护我，她说："去家像样的医院治病吧！"她陪我一起去医院，并以慈爱的笑容鼓励我说："你还年轻，得加把劲啊！""一定要活下去！"直到今天，我还非常感念她。

苦人之苦，由衷地鼓励——越是在那社会荒废的时代，人性之光越是在那些善良百姓的生命之中闪耀。

瓦希德　我从身边长期支持我的人们身上，也学习了很多东西。不仅是祖父和父亲，学校老师和地方人士，也教给了我对任何人都要以诚相待和秉持宽容精神的重要性。

我对那些遇到任何困难都绝不退缩的人非常敬重。具有这种精神的即便陷于想要逃脱的境地，也能鼓舞自己，更能引领众人一道行动。对我而言，池田先生就是值得如此尊敬的一位。

池田　您过奖了。

瓦希德　池田先生是非常清廉的人，也是言出必行的人。

去年（2008）7月，在雅加达举办了和平艺术节，印尼的政府高官和各界嘉宾都来出席，我在 4000 名观众面前提到了池田先生与国际创价学会在信仰生活与人道主义方面进行的各种改革与实践。我一直对圣雄甘地等爱好和平的人感铭至深，而池田先生非此等人物莫属。

池田 实在不敢当。瓦希德博士才是和平、人道与民主主义的伟大领导者，我也常对日本青年这样说。

广布于全世界 192 个国家和地区的国际创价学会的同志会从伟大博士鼓励的话中获得勇气，大家都会作为好市民和好国民，为贡献于社会的和平与繁荣而不断努力。

这个和平艺术节是为了庆祝印尼与日本建交 50 周年而举办的，是我们和博士领导的"伊斯兰教师联合会"（NU）所属的文化团体"印尼穆斯林文化艺术家协会"（Lesbumi, Lembaga Seniman Budayawan Muslimin Indonesia）以及贵国最大青年组织"印尼全国青年委员会"（Indonesian National Youth Committee）共同主办的，活动取得了圆满成功。

当时我们的团体得到了你们的多方关照，非常感谢！借此机会再次感谢您的深情厚谊！

瓦希德 哪里，由衷感谢的应该是我。与国际创价学会的友谊，无论对我还是对印尼来说都非常重要。国际创价学会的会员信念坚定，贯彻正义之道，值得我们学习。

多年来，我作为印尼最大的伊斯兰组织"伊斯兰教师联合会"（NU）核心人物肩负着领导的职责，我不断地起誓，决不能丢掉祖父当年创立 NU 的理想，而是要紧紧地怀抱着这一理想不断前进。也就是说，"坚持创始人的理想"。这是赋予NU和我本人的使命。

其实，参与和平艺术节的文化团体"印尼穆斯林文化艺术家协会"曾一度面临解散的危机，那时也正是因为坚持了创始人的精神才得以东山再起。

池田先生多年担任国际创价学会的会长，而原点正是您与您的恩师户田先生的相遇，您能就此为我们说说吗？

师生情谊——青春的后盾

池田　我第一次与户田先生见面，是在1947年8月14日，也就是日本战败即将迎来两周年之际。此前军部政府为了达到战争的目的，以国家神道为精神支柱，但随着日本战败，这个精神支柱轰然倒塌。

在价值观急遽变化的时候，很多青年茫然于人生的信仰，处于一种精神空白的状态，他们满怀疑惑，彷徨无措。所以人们为了从战败的苦难中重新站起，而去求索内心深处真实的人生之路，追求可以信仰的牢固的精神支柱。我也是其中之一。

没有什么比生命更尊贵更重要，痛感于此的我，贪婪地遍读世界哲学与文学名著，一边与朋友参加读书会，一边不断地思索。

正当此时，有人约我前去参加创价学会关于生命哲学的座谈会，在会上我见到了户田先生。

我很坦率地把我的苦恼讲了出来，我问了三个问题："什么才是正确的人生？""怎样才算真正的爱国者？""要如何看待天皇？"

户田先生的回答没有任何犹疑，也不玩弄理论，而是直截了当、简单明快。最重要的是，当我得知他在战争期间与军国主义对抗到底，虽陷于两年牢狱之灾，但信念仍然不为所动时，更确信"此人可以依赖"。

当时我对佛法的理解还不够全面，但倾倒于户田先生的人格魅力，所以决心与他走上共同的信仰之路。

瓦希德 所以您不仅感动于户田会长的回答，更是感动于他在整个狱中斗争中毫不动摇的信念和他的为人，是吧？

池田 是的，完全如你所说。日莲大圣人说："教主释尊出世之本怀，乃在以人之面目示道。"（《御书》第 1174 页）

宗教原本就是磨炼人格、提升人格的。正是在人的所作所为之中，宗教的真正价值才得以显现。

与户田先生相识不久，我便在恩师经营的出版社工作，负责编辑少年杂志。为了让孩子怀有伟大的梦想，我负责了刊物从规划到编辑、从约稿到约图、从收稿到校对的所有工作，在此过程中也与很多著名作家有了交流。

然而战后经济混乱，户田先生的事业陷于困顿，杂志不得不停刊了，后来开展的信用社事业也一直处于岌岌可危的境地。户田先生向来有恩于大家，可很多员工对他多有诽谤而且离职了，只有我一人还于公于私地支持老师，继续冲锋陷阵。

我将那时的心情写成和歌，献给了户田先生：

千古奇缘仕帐帷，

人心善变终不悔！

恩师看了这首诗后脸上露出了微笑，那情景我至今不能忘怀。

瓦希德　您的青春时代之所以能在艰苦中战斗，一定是因为您对恩师户田先生的深厚感情对吧？

池田　是的。当时我连上夜校的时间都没有了，但身为卓越教育家的户田先生就对我进行个别指导，他讲课的内容有政治、经济、法律、哲学、历史、化学、物理与天文等，广涉普遍的学问与古今东西的文学与思想，前后约十年，一直持续到恩师去世为止。

"户田大学"的熏陶成就了我无比宝贵的精神风骨。

恩师的和平思想高度凝练于这样一个信念——"要从地球之上消灭'悲惨'二字"。户田先生主张"地球民族主义"，这与今天所说的全球公民的生活方式是相通的；他还发表了《禁止原子弹与氢弹宣言》，（1957 年 9 月 8 日户田第二任会长在横滨三泽竞技场上发表的宣言。他立足于佛法生命论与生存权利这一普遍哲学，断言核武为"绝对的恶"并要求废除）把构筑一个没有核武器和没有战争的世界作为对青年们的第一遗训。

半个多世纪以来，我一直在为实现恩师的理念和构想而不懈奋斗。

瓦希德　您们如此崇高的师徒精神令我深受感动。

现实社会中需要克服的难题堆积如山，而能遇到为正确的信念而生的指导者则又难上加难。池田先生在烦恼多多的青年时期，千载难逢地与户田先生相遇，也绝非偶然。您能将户田先生的教诲一直贯彻至今，就是最好的证明。

我也把我的祖父和父亲尊为"人生之师"，我的一生就是把他们的理想延续到现代。前些日子，在国立伊斯兰大学举办的研讨课上，我胸怀着祖父和父亲为印尼鞠躬尽瘁的精神，主讲了我国民主主义的发展。我对青年学生说："不能当腐败的领导者！""必须展现正确的生活方式。"

池田　您的这番话，我希望也能让日本以及全世界的青年们知道。

贵国爪哇有"不可醉心权力"的警世恒言。（参照哈杰沃哥《爪哇人的思考模式》，染谷臣道、宫崎恒二译，湄公）权力的确是使人堕落的毒酒。

所以，户田先生也常说："青年要用心去监视政治"。我认为，要以青年为先锋，民众自己要智慧地用锐利的目光审视政治，才能构筑坚守民主主义的基础。我热切地期望从现在的青年当中，不断涌现把实现民众幸福作为第一原则的高洁的领导人。

瓦希德　真如您所言！我也始终把为实现全社会的福祉

和民众的幸福而战作为自己的信念。

作为一个宗教家，我一直主张我的信条——"怀有宽容他人的开阔的胸襟""过忠实于自己的生活"以及"无论何时何地都要坚守视全社会的福祉和人民的幸福为第一要义的原则"。

池田　在前途依然不明朗的 21 世纪，这些都是宗教人士应当实现的重要原则。

前不久（2009 年 8 月）刚刚去世的贵国代表性诗人和剧作家仁达①，就是一位长期强调人应具有高尚道德的人。他曾在 2002 年印尼的国际创价学会（SGI）举办的文化节中朗诵诗歌，还曾出席"世界少年少女绘画展"，对我们的活动寄予了很高的期望。据说他在观赏完绘画展后，说了这样一番话：

> 我为孩子们美轮美奂的"祷告"而感动。对他们来说，世界是一个没有污秽的、开放的社会。我们绝不能容忍暴力。而具有良好的道德正是迈向和平的要谛。这个展览应该在印尼全国巡回展出。

瓦希德　仁达先生是我国家喻户晓的国民诗人。我相信，"绝不能容忍暴力，具有良好的道德正是迈向和平的要谛"这些话，正是他信念的表达。

---

① 仁达（Willibrordus S. Rendra，1935—2009）：印尼诗人、剧作家。著有《给挚爱之人的诗》等诸多诗集、短篇小说和剧本。

池田 战争与暴力的原因在于大人，众多无辜的儿童却成了牺牲品。

儿童是为了幸福而出生的，他们有在和平中学习和发展自己生命潜能的权利。儿童尚未沾染偏见的开放心灵和丰富的创造力光彩照人，儿童生来就有世界公民之心。

我正是基于这样的想法提议国际创价学会举办"世界少年少女绘画展"的，这个展览从冷战结束前的 1988 年开始举办，它得到了联合国教科文组织的支持，从来自一百多个国家的儿童画中选出代表性作品在世界各地巡回展出，并获得越来越大的反响。

每幅作品都饱含着儿童的梦想、希望与勇气，传达出渴望和平的信息。其中也有贵国少年少女们的作品，都是描绘人与自然及动物和睦共生的佳作。看了展览的日本孩子展开了想象，说："世界真的有各种地方，有许许多多的人啊！"

我深信，这种心与心的交流与碰撞，才能成为培育开放心灵的种子，才能为让孩子们欢声笑语的"和平的 21 世纪"种下树苗。

这就要求我们大人必须认真思考"我们能做些什么"，并为此而付诸行动！

第四章　迈向人权世纪的挑战

夫妻是比翼齐飞的战友

池田　开辟新时代的先驱者们，他们的人生中总有不为人知的辛劳与苦难，但他们的内心却有坚强的信念光芒四射，晴空万里。

今年（2009）是贵国女性解放运动的先驱卡尔蒂尼①诞生130周年，卡尔蒂尼曾这样写道："最好先有示范之人"；"如有毅然决然的先行者，则一定有很多人从而学之。"（《超越黑暗》，牛江清名译，日新书院）

您的夫人欣塔（Shinta Nuriyah）女士，正是为了提高女性的权利与地位，身先士卒，多年来躬行不辍。我还听说尊夫人曾任印尼《时代》杂志的记者，数年前还与学者共同出版了

---

① 卡尔蒂尼（Raden Ayu Kartini，1879—1904）：印尼民族意识觉醒与女性解放的先驱。她为女性开设私塾等，在荷兰殖民地时期的印尼积极从事教育等活动。由于患上产褥热，她于25岁英年早逝。其逝后出版的书简集（日译《超越黑暗》），被翻译为世界各国语言。

旨在提高伊斯兰女性地位的著作。

瓦希德　是的。谢谢池田先生提及我妻子的业绩。

我的妻子曾一直为当地社区而工作，尤其是致力于与女性有关的活动。她创办了名为 PUAN 的伊斯兰习经院，除此之外还开展了争取女性权益的各项活动。

作为一名女性，我妻子积极地为获得人生中与男性同等的权利而努力，对此我评价很高。所以我准备与妻子一起出书。

池田　太好了。尊夫人除了从事提高女性地位的活动，最让我深深感动的，是在 1993 年不幸意外遭遇交通事故后，她开始了轮椅上的生活，但她仍不屈服困难，还到著名的印度尼西亚大学的研究生院攻读女性学。您的夫人还说："不论任何时候我都要坚持学习，如果忘却学习之心，那就意味着落后。"（摘自 2001 年 12 月 23 日《Media Indonesia》日报）这句话我希望更多的女性和青年们听到。

很多人称赞，夫人这种有信念的生活方式本身，就是"女性胜利的世纪"的模范与希望。

瓦希德　您的话让人感到很温暖，实在不敢当。我代妻子谢谢您！

我们结婚快 40 年了，我的妻子总是为了我们家庭的幸福而不断努力，并且还从事很多社会工作。因为我也非常忙，所以说实话我们互相抽空静下心来聊聊的时间都没有。

但是我想我们之间是互相理解的。我想您也会同意，这一点是非常重要的。

池田　您说的话非常重要。关键是"理解"和"信任"，这一点我们夫妻也感同身受。

我是以恩师户田先生之心为心而战斗到今天的，这一事实我妻子最清楚。我相信最了解她的诚实和坚强的人，是我。

只要活着，就要为大家、为社会做贡献——我们共享这样的信念，在此信念下与日俱增的，就是夫妻的情谊。

日莲大圣人佛法曾说："（如果把夫妻比作一只鸟），那么男方为羽翼，女性是身躯。羽翼如果与身躯分离将如何飞翔？"（御书 1320 页，通解）

我想，朝向人生使命的天空比翼齐飞的"战友般"和"同志般"的存在，才是夫妻。

很多女性读者来信提问，她们说能否请您谈谈与夫人结婚时的心情？

瓦希德　好的。（笑）

我们是在 1968 年年中订的婚，她年轻的时候从习经院毕业，后来到日惹的伊斯兰国立宗教大学学习。原来她是想学沙里亚法规（伊斯兰法，Sharia law），但这个科目在传统上并未招收女学生。不过，在我父亲担任宗教部长的期间，所有的科目都向女生开放，女生与男生的同等学习环境第一次得到了保障，所以我妻子就有幸成为我国最先进的那批女生之一。

在这种情况下，在她即将到伊斯兰国立宗教大学学习时，她的父母决定，最好在去日惹前先与我正式完婚。

但是，这件婚事还有个问题。

池田　令尊在印尼建国时就为提高女权而作出了很大贡献，也正是因为有您父亲的远见，所以尊夫人才如愿以偿地走上了钻研学问的道路。不过我听说伊斯兰教在劝学方面本来也是不分男女的。

您刚才说，有什么问题成了你们结婚的障碍呢？

瓦希德　简单地说，我当时不在印尼。

我以前说过，23 岁时我就到了中东留学。那时我已经从埃及转到了伊拉克，正在巴格达大学学习。在伊斯兰社会，结婚时要宣誓互相忠诚，这是一个叫作阿克特·尼卡的"婚约"仪式。但当时我正在巴格达大学念书，也没有时间回国参加仪式，不得已与家人商量，最后想出了一个解决的办法。这个主意实在是太另类了，我想参加仪式的人看了会场的情景都会大吃一惊。因为站在新娘旁边的男人，已经 81 岁了！这位男士是我的外祖父比斯利·香斯利，他是代我来履行程序的。就这样，我们的婚事总算是完整地办下来了。

后来 1971 年办婚宴的时候，我已经回国了，所以这次与妻子一道痛痛快快地参加了婚宴。

池田先生对结婚有什么回忆呢？

池田　这段逸话，恐怕只会发生在把青春献给了为国家未来而读书的您和夫人身上。

我年轻时一心捍卫事业陷于困顿的户田先生，后来终于柳暗花明。我是在户田先生正式就任创价学会第二任会长的第二年结的婚。

户田先生知道了我和现任妻子彼此的心意以后，就一个人跑到我们双方家里与我们的父母见面并取得他们对我们婚姻的许可。

当时我不在场，老师第一次见到我父亲，就说："可不可以把令郎交给我？"我爸爸沉思片刻，说："就交给您了。"然后老师说："其实，他是要喜结良缘了。"就开始提我结婚的事，我父亲马上回答："孩子刚给了您，怎么办就听您的了。"（笑）

在户田先生的安排下，婚礼在 1952 年 5 月 3 日举行，这一天正好是老师就任第二任会长 1 周年。

婚礼非常简单，只请了些很亲近的亲朋好友，老师的致辞简洁而温馨，我记得他说："男人要有力量，让妻儿担心的男人不可能在社会上成就伟业。"他还说："希望你们两人将青春时期决定的信念一直贯彻到底。"

真正的宽容是保护生命、不容许恶的精神

瓦希德　池田先生夫妇的婚礼，真是师徒之谊熠熠生辉的典礼。

我们夫妻虽没有可以留给儿女的巨大财产，但我们也以多年来的婚姻生活而自豪，因为我们培育了孩子们在社会上活动的能力，培育了他们努力追求事业的能力，我们给他们留下

了这些。

池田　这正是父母留给孩子的最大财富。

物质上的充裕固然重要，但教给孩子体会人的内在生命中蕴藏着的丰富性，则是作为父母更加重要的使命，这也是真正的"人间教育"。

关怀他人的慈爱、为社区奉献的行动、看透真实的睿智、与非正义斗争的勇气、经得起考验的毅力、将逆境变为智慧的创造力……这些都是所有人内在的伟大而向善的力量。生命本身就是至宝。

日莲大圣人曾教导我们："将此大宇宙的所有财富集聚起来，也不及一个人一天的生命那般珍贵。"（《御书》第 986 页，通解）

我认为，引导出一个人的生命所本来具有的善的力量，也就是培育德性，这既是教育的根本使命，也是宗教的根本使命。

最近有部描写贵国一位青年的纪录片在日本感动了很多人。这部作品介绍了一个叫恩丹·阿利斌（Endang Arifin）的年轻人，他于 2007 年的夏天在宫崎县的海滨浴场，为了救一名溺水的中学生而不幸遇难。（参照《每日新闻》东京晚报 2009 年 4 月 10 日刊载）

恩丹是来自印尼的渔业研修生，放假时到海滨浴场玩儿，听到呼救声便与朋友急忙跳入海中营救。中学生被他的朋友所救，但恩丹却在去救人的途中被急流卷走，不幸丧命。影片描绘了恩丹善良与单纯的人品，也表达了身边人的哀伤。这部名叫《青年恩丹》（Mas Endangarifin）的电影已经在贵国和日本40个地方放映过。

瓦希德 片名中的"Mas"，在我国是对青年男子的敬称，从片名就透出深深的亲爱之情。对这部电影印尼的电视节目等媒体做了介绍。很感谢日本的各方人士如此郑重地对待这位壮志未酬身先死的我国青年。

池田 虽然恩丹不太会游泳，但据说他听到呼救声便毫不犹豫地跳入海里。我听说，他的父亲接到突如其来的噩耗后，说："我们总是跟孩子说，遇到他人有难时要伸出援手，所以他可能毫不犹豫地就跳了下去。"我衷心祈念恩丹的冥福。我们的心中会永远铭记贵国这位尊贵青年的精神。

听了这个事迹后，我不禁想起了2001年11月提交给联合国大会的一份报告书中写的轶事。

那是由当时的安南秘书长发起的、关于"文明间对话"专家会议提交的题为《超越差异》的报告书。在报告书中，介绍了某年夏天一件发生在中东海边的事。这是两个互不相识的家庭的真实故事：

其中一家的小孩下海后溺水，另一家的父亲发现后跳入海中救助这个孩子，却在带着孩子返回的途中自己溺水。获救孩子的一族信仰犹太教，救人的父亲信仰伊斯兰教，但他毅然超越宗教的隔膜，奋不顾身地救助了那个快要淹死的孩子。(参照《超越差异——文明间的对话》，美国西东大学，2001)

报告书发表时，正是美国遭"9·11"恐怖袭击事件（2001年9月）发生不久，所以这个故事更打动了很多人，同时也再次向人们揭示了追求建设一个超越差异的社会的重要性。

瓦希德　的确如此。

前面也提到，我也是通过祖父与父亲的生活态度学习到和平共存与宽容的精神，并把它作为自己的信念而加以继承。我曾接受国际人权团体"西蒙·威森塔尔中心"①的表彰，我想那是因为我长期从事支持少数群体权利的活动。

无论怎么呼吁"不要憎恨，要和平"，但如果人不自由，是不可能改变自己的人生的。遗憾的是，在我国，大家并不完全理解我获得这个奖的意义，所以我仍想大声疾呼：保护和尊重少数群体的权利，这是绝对不可或缺的！

即使我的活动受到压力，但我拥有自由发表意见的权利；而且我认为，人们应当看到，我必须致力于推动此运动的原因，作为一种社会现实是明明白白地存在的。

池田　正如您所说，如何保护少数人的权利，是一个世界性的重要课题。

我也曾两度访问位于美国洛杉矶的"西蒙·威森塔尔中心"。1996年6月，我在这个中心做了一场演讲，内容是关于与日本军国主义战斗而在狱中逝去的创价学会第一任会长牧口

---

①　西蒙·威森塔尔中心（The Simon Wiesenthal Center）：1977 年由犹太裔奥地利人西蒙·威森塔尔创办，位于洛杉矶。该中心开展宣传活动与人权运动以纪念在第二次世界大战中的德国纳粹大屠杀悲剧。

先生的思想及一生。我介绍了牧口先生的信念与行动，牧口先生主张"排斥恶与包容善是一体两面"，"不可甘于消极的善，要进而做一个具有毅然积极行善之气概的勇者"。（参照《牧口常三郎全集》9、6，第三文明社）他还强调，真正的"宽容"，与绝不容许威胁人类尊严的暴力与邪恶的精神是互为表里的，这种精神体现在对他者痛苦的重视及共同走上幸福之路的人生态度之中。

您把这种真正的宽容精神具体地体现出来，积极地推进宗教间的对话，这是众人皆知的。2007 年 6 月，瓦希德研究所还与"西蒙·威森塔尔中心"的"宽容博物馆"在巴厘岛共同举办了以克服暴力为主题的"世界宗教者会议"，是吧？

瓦希德　是的。这个会议的与会代表来自伊斯兰教、犹太教以及基督教、印度教和佛教等，池田先生所创办的东洋哲学研究所的所长也出席了。

会中发表了共同宣言，提出作为信教者要尊重多样性，要为诉诸暴力画上休止符。我不禁在想，宗教人士为实现世界和平与人类幸福要完成的使命越来越重大了。

有件事情与此相关，我有一位从小就非常敬重的政治领袖，他就是 11 世纪初在爪哇振兴佛教政治的领导人艾尔朗卡王①。文化中必须有"宗教多样性"，艾尔朗卡施政就非常重视

———

① 艾尔朗卡王（Airlangga, 991—1052）：活跃于 11 世纪的东爪哇谏义里国国王。复兴遭受三佛齐国（室立佛逝去王国）击溃的王国，于 1030 年前后控制了东爪哇一带。

这个方面，所以他是一个被所有宗教都尊崇为"师"的我国著名的国君。我之所以重视社会中的"宗教多样性"，也是因为继承了艾尔朗卡王所建构的传统。

池田　艾尔朗卡王发挥了卓越的领导力，听说除了宗教领域，他还整顿了农业、贸易、艺术等所有领域，团结了大家的力量。他是一个在短期内把王国引向繁荣的明君，是一位极其著名的领导人。

但他的一生也是波澜起伏。他在16岁举行结婚典礼时，被敌国突袭，不得不逃到森林深处避难。但据说正是森林里异常艰苦的三年生活，造就了这个年轻国王的勇武。后来应民众的强烈请求，他发誓要复兴王国，于是毅然决然地再度雄起。他积蓄了自己阵营的力量打了出去，他还在内政和外交上倾注了心力，最后复国成功，费时20多年终于转败为胜。据传，艾尔朗卡王看到国家已然安定就决定出家，他为了避免两个儿子同室操戈，就把国家一分为二，让他们分别继承了王位。他年轻时能把考验化为锻炼，有挽狂澜于倾倒的坚强，有多年的忍耐与努力，还有对子嗣继承问题的细心安排，真不愧为一代名君，他留给我们丰富的启示。他还教给了我们"无论中途有何障碍，最后终将胜利"的气概。

从年轻的时候起就学习历史上领袖的人生态度，这可谓一生中的宝贵财产。

为了民众的不屈言行

池田　瓦希德博士长年活跃于言论界，据说这是您少时的梦想？

瓦希德　是的，我是一个评论家，不断地在报刊上发表评论。但其实我小时候曾有过三个梦想，那就是当飞行员、当医生和当报纸的专栏作家，只有第三个梦想最后实现了。

从20世纪70年代的初期，我开始为周刊《时代》（Tempo）和报纸《指南针》（Kompas）撰写评论。当时我三十几岁，开始主持一个探讨社会问题的专栏。通过连载，我超越了以前的宗教问题框架，就当今社会发生的问题发表意见，强调"多元主义""宗教宽容"以及"保护少数派"的重要性。我一面呼吁推进印尼伊斯兰社会的改革，同时又为避免政府与"稳麦"（Ummah，伊斯兰教徒的宗教共同体）间的冲突，扮演了桥梁的角色。

现在，我每周还在报纸"Seputar Indonesia"上写一篇专栏文章。这个专栏很受欢迎，很多读者都希望一睹为快，我非常高兴。

池田　您所传递的信息，不仅是贵国之宝，也是亚洲和世界之宝。

从我个人经验看，写作就是战斗。

瓦希德　我非常了解，您多年从事写作，至今还在撰写连载小说。

池田　我也是少时就有一个梦想，希望有朝一日留下动人心弦的作品。

我的毕生之作《人间革命》从 1965 年元旦开始在报上连载，那是恩师逝世 7 年以后的事。因为我觉得，恩师一个人从战败的废墟中站起来，为了拯救不幸的民众，也为了社会的安定与繁荣，积极开展佛法活动，把恩师的奋斗轨迹存于后世，是身为弟子的使命。所以，我记述了户田先生从出狱到实现创价学会的大发展的后半生，已经完成全篇共12 卷。

在写完最后一行时，搁笔前写下：

1992 年 11 月 24 日上午 10 点零分

《人间革命》12 卷完成

谨献恩师户田城圣先生

弟子　池田大作

后来，从翌年 1993 年 8 月 6 日（广岛核爆纪念日）开始，我又开始撰写续篇《新·人间革命》，至今仍在进行当中。中途因搜集资料等原因也有暂停连载的时候，但两部小说总共连载了 45 年，连载在 5700 次以上，据说创下了日本报纸上小说连载的最长纪录。

在报纸上一旦开始连载，不管多么忙，也无论身体状况有多么不好，截稿时间是不会等人的。我常常是忙完一天的工作，半夜回家以后开始写作。有些往事还让我有些怀念，因为要参加一些活动，或为激励会员而辗转于日本和世界各地，由于没有时间，只好口述，再把录音带寄往东京；还有的时候过于劳累，拿笔的力气都没有，只好自己口述而请妻子代笔，并在稿纸的格子外面注上"因身体疲惫，本人口述，妻子记录"的字样，然后交给负责人。

您在写评论或专栏时，会比较注重什么？

瓦希德　我在写评论和专栏的时候，并没有什么有特别的规则。多年来我心里只有一点，那就是"对于那些给人们带来痛苦的压迫，必须加以对抗！"

池田　我很为您的精神而感动。

在贵国近现代，除了您以外，还有很多反映与邪恶斗争的信念及言论大放异彩。

贵国的作家和记者卢比斯① 说："要保护民众。""为了进行保护民众的斗争，我们要拼上整个身心！"（《雅加达的黄昏》，粕谷俊树译，井村文化事业社）

这些都是动人心魄的呐喊。

瓦希德　卢比斯先生是印度尼西亚著名的评论家，他正直敢言，坚强不屈。

池田　"不可不说"（《御书》第 17 页）——这是日莲大圣

①　穆赫塔尔·卢比斯（Mochtar Lubis，1922—2004）：印尼作家和新闻记者。1949 年创办《印尼拉亚报》，任总编辑，抨击苏加诺政权迫害人权及统治阶层的堕落，因而被政府关入监狱、软禁于自宅约 10 年，坚持与强权斗争。后来担任亚洲新闻基金会秘书长等要职。

人《立正安国论》①中的一节。这里饱含着为了一心拯救陷于
涂炭之苦的民众而不得不高呼正义的真情。我们言论活动的原
点其实也在于此。

大圣人还说："你若欲求自身的安稳，须先祈愿四方的和
平。"（《御书》第 31 页，通解）揭示了和平才是人民安定与幸
福的首要基础。

这部《立正安国论》在近年日本报界举办的"留传给 21
世纪的那本书"的调查中，被选为日本名著第二名。（《读卖新
闻》东京早报 2000 年 11 月 29 日刊载）

为了和平，为了人民的幸福，日莲大圣人就日本第一个
真正意义上的"军事政权"镰仓幕府②的为政者的错误提出了
谏言，结果却被以莫须有的罪几度遭受了致命的迫害。但大
圣人毅然表示："生在王权支配之地，身从而心不能从。"（御
书 287 页，通解）这无异于精神自由的宣言。这句话还被收录
到联合国教科文组织为纪念《世界人权宣言》20 周年而编纂
的《人权语录》一书中。（《人权语录》日文版，桑原武夫监译，
平凡社）

---

① 《立正安国论》：日本镰仓时代佛教僧侣日莲大圣人在 1260 年以对话
　　形式写给当时最高权力者北条时赖的劝谏书。内容阐述天灾地变、
　　饥荒、疫病等接连不断的情况下，作为拯救陷入苦恼民众的方法，
　　必须在人们心中建立正法。
② 镰仓幕府：以日本现今神奈川县的镰仓为根据地，始于 1180 年，开
　　辟了日本最早的武士政权（至 1333 年）。

日莲大圣人的佛法是民众佛法，它走进民众之中，给他们带来了无限的勇气和希望。为此，大圣人以浅显易懂的假名文字写下的许多书札，在数量上看也是稀世宝典。

日莲大圣人"为民众""与民众"和不断"给民众"力量的言行，对后来江户时代末期思想家吉田松阴产生了影响，成为他构想"草莽崛起"（民众起来改变历史）的开端，这一构想被高杉晋作等弟子所继承，成为实现明治维新的原动力。

瓦希德　哦！我对日本史特别是明治维新兴趣很浓，您的话给了我很大启发。各种事件的不断积累最后成就了大规模革新，明治维新的过程是非常引人入胜的。

广泛的社会贡献是宗教的生命线

池田　瓦希德博士学识渊博，再次令我深感敬佩。

总之，创价学会的活动是以日莲大圣人的佛法为根本，有力地激励社会上的处境不利和遭受迫害的人们，恢复他们的信心和希望。

但在创价学会草创时期，我们被周围的人揶揄为"穷人和病人的集团"。但户田先生对世间这种毫无感情的非难完全不介意，这样地发出了狮子般的吼声："拯救穷人和病人的宗教，才是真正的宗教。创价学会永远与平民站在一起。无论遭受怎样的谩骂和嘲笑，我们都将为他们而战！"

"如果有人恶言相加，说创价学会是穷人和病人的团体，那就这样问他：'你拯救过几个穷人和病人呢?'"恩师的话语正是创价学会无上的荣誉和永远的指针。

瓦希德　我们"伊斯兰教师联合会"(NU)多年来也是基于伊斯兰精神，以印尼社会的幸福和福祉为目标而进行活动。现在我们特别用心在教育方面，为全国20万所巴山甸（伊斯兰寄宿学校）的活动提供支持。我们还开展以下活动：第一，在宗教方面，致力于伊斯兰的传教，提升基于差异中的团结的友爱精神；第二，在教育方面，实施符合伊斯兰价值的教育，培育虔诚、高洁和具广泛知识的伊斯兰教徒；第三，在社会文化方面，努力推进与伊斯兰价值和人道价值相符合的民众福祉与文化；第四，在经济方面，优先发展国民经济，努力使人民有平等的机会享有发展的成果；第五，开发对社会具有普遍利益的其他活动和事业。

池田　你们不仅在宗教方面，也开展了很多其他领域的活动啊。

宗教的生命线正在于广泛的社会贡献之中，在社会贡献中，不仅完成宗教使命，同时也完成个人使命和社会使命。

与我出版对谈集的哈佛大学杜维明教授[①]非常强调这一

---

①　杜维明：1940年生于中国云南省。美国哈佛大学中国历史哲学系教授，燕京研究所所长、享誉世界的儒教大师。在2001年联合国"文明间对话年"，作为儒教文明的代表参与"世界贤人会议"这一汇集了各文明领域专家的会议。曾与池田先生共著对话录《对话的文明》。

点。杜教授表示："虽然有人说世俗化潮流是现代化的显著特征，但宗教至今还保持着它的存在感，对此我感到安心和满足。"他还就宗教领导者所应发挥的作用这样说道："宗教领导者首先对其信徒的幸福负有责任。但除此之外，作为当今全球化时代的一个要求，他们还应扮演'公共知识分子'的角色。""作为'公共知识分子'，宗教领导者不仅要回应本团体所直接关心的事情，还有义务应对超越了它们的那些课题。"（杜维明、池田大作《对话的文明——和平的希望与哲学》，第三文明社）

瓦希德博士是一位伟大的宗教领导者，同时也的确出色地发挥了"公共知识分子"的作用。

瓦希德　且不说我个人的事，我认为杜教授的看法一语中的。

当今世界充斥了太多不满。在现实中，既有不能实行真正民主这样的政治问题，也有很多困惑是来自经济问题和环境问题的。

青年们受到了激进团体和原教旨主义组织的影响，要非常急躁地解决这些问题。但我相信，印尼众多青年的心地原本是清澈而温厚，更是富于良心的。

正因为如此，我百感交集地期待青年，我想告诉他们要"打开心扉，诚实行动"。我愿开拓出一条让每一位青年都毫无迷茫、径直向前的21世纪的正确之路。而且，我也决心对社会中各种弊端与邪恶继续发出自己的声音。

第五章　文化交流是创造的泉源

世界以金融危机为契机迈向"多极化"

池田　日前（2009年10月）我们创价大学迎来了东南亚著名学府印度尼西亚大学一行。印尼大学有160年历史，以培养贵国独立与建设的领导者、培育德才兼备的人才而闻名。

来访的古米拉尔校长强调："现代是青年共同肩负世界上的所有问题和责任的时代，是每一个人超越民族和国家，拆除藩篱，创造'人类'文明与构筑和平世界的重要时代。"

目前，印度尼西亚大学与创价大学缔结交流协定已有20年历史，学生往来还在不断扩大。如果这能成为贵国与日本青年共同肩负着创造人类文明与世界和平的崇高使命和携手并进的原动力，那我作为创价大学的创办人感到无上欣喜。

瓦希德　我听说，您获得了印度尼西亚大学的"名誉哲学·和平博士学位"，这是我国历史最悠久、水平最高的大学授予的名誉学术称号，我们也向您表示衷心的祝贺。

如您所知，我的妻子也在这所大学读研究生，我们家有很多人出身于这所大学。

池田　我实不敢当，非常荣幸。

瓦希德　我对访问创价大学时的情景还记忆犹新，创价大学给我留下非常深刻的印象。

举例而言，现在有不少大学沦为了商业设施，但创价大学不以金钱和收入为优先，也不以提高利润为目的。创价大学不仅为在学费上有困难的学生建立了奖学金制度，学费本身也比较低。我希望，创价大学就像在这方面所表现出的那样，继续实践它所宣示的人道主义信念。

池田　谢谢这番温暖的话语。

2002年，瓦希德博士能接受创价大学授予的名誉博士学位，是我们的最大荣幸。博士来访也开创了一个重大历史，在此再次向您表示感谢。

教育与学术交流是时代的要求。毕业于与我们缔结交流协定的印度尼西亚大学，曾任教育、文化部长的法德·哈桑[①]曾说："建设和平应该是我们的共同目的，它必须通过不同文化间的真正对话来达成，而不能被偏见和固定观念所左右。"他还说："文化的多样性是人类社会永恒的特征，在结果上，它会发展为创造的多样性的表现之一，人类的质量会由此而提

[①]　法德·哈桑（Fuad Hassan，1929—2007）：印尼政治家。在印度尼西亚大学学习心理学，于苏哈特政权下的1985—1993年间担任教育暨文化部长。

升。"（摘自2002年7月在日惹召开的"异文化间心理学国际协会"第16次大会上的演讲"共享文化多样性与你我的世界，一同展望和平的建设"）

世界和平的确不是划一的，但也不是异者间的对立，而是多元的东西相互启发最后升华为多彩的创造性的世界。21世纪第一个十年即将过去。人类究竟能否以人称"战争与暴力世纪"的20世纪为教训，正确地走向建设"和平与共生的世纪"？我认为，揭开新十年序幕的2010年将是关键。我希望与您这位人道与宽容的大贤士以及贵国各位智者一道，探究出正确的道路。

瓦希德　我也会努力去实践的。

池田　当今世界，除了前所未有的金融危机以外，气候变暖、核武扩散等全球性问题堆积如山，这些问题绝非一国所能解决，尽是需要全球对应的难题。在这个情况下，值得引起关注的是，为解决金融危机而举行G20的金融高峰会议，被定位为"国际经济合作方面最重要的平台"，它将定期举行。贵国印尼也作为G20的成员参加了。

瓦希德　是的。以往的世界经济问题多年来由G8讨论，但以最近的金融危机为契机，扩大为G20；此外，亚洲方面新加入的成员有中国、印度、韩国和印尼，伊斯兰文化圈除我国外，另有沙特阿拉伯和土耳其。

池田　贵国兼具"亚洲"和"伊斯兰"这两大要素，是展望21世纪世界的关键，必将发挥越来越重要的作用。

我从 20 世纪末以来一直呼吁扩大以往高峰会（主要国家的首脑会议）的范围，把它发展性地改编为"责任国家首脑会议"，因为我认为要解决全球性的种种问题，只有交换多方面的意见，累积"相互靠拢"和"基于对话的首肯"，并谋求世界整体的共享责任，除此别无他途。

这次，在促进 G20 模式常规化方面发挥了领导力的美国总统奥巴马这样说道："20 世纪的方法无法解决 21 世纪的经济问题。G20 或将在共建各国合作关系方面发挥主导性作用。"（摘自《读卖新闻》东京早报 2009 年 9 月 27 日）

日本在这次世界性金融危机之前，早于 20 世纪 90 年代经历了一次伴随着"泡沫破灭"的经济危机。面对当前的危机，日本一方面必须发挥经验的作用，另一方面还必须与各国齐心协力。为此，新国际合作关系的建立是不可缺少的环节。

瓦希德　希望我国也能为此竭尽全力。我始终认为，印尼应在国际社会上扮演重要角色。

长期以来，我国与外国的关系，一直以"保持领土完整"为优先。但今天这些问题已经解决，外交领域的优先事项变为应对全球化时代的到来。也就是说，我认为，现在的印尼应当为全世界的利益和人类的利益作出贡献。

池田　您的这段话非常重要。首先您自己就一直在开辟这一超前的道路。

正如您所说，各国要积极采取基于地球利益和人类利益的行动，并把各自的力量集合起来，除此别无他途。而说这是决定 21 世纪的关键也非言过其实。

在 20 世纪，人类经历了两次世界大战，战后东西冷战的"两极"结构也持续了很长时间。但冷战一结束，全球化大潮又席卷世界，美国主导的"一极"倾向就越来越明显了。而现在，美国的金融危机又成了世界转向"多极"的导火索。

这个动向与尊重多样性的和平共存潮流将实现结合？还是各国和区域将变得更加封闭，从而引发紧张和摩擦不断加剧的浪潮？——世界现在正处在一个重大的十字路口上。

从这个意义上说，深刻而敏锐地向过去的文明交流史学习是非常重要的。现在，就让我把历史的时针拨回从前，把焦点放在佛教和伊斯兰教是如何在东南亚传播并实现共存的，来继续我们的对话吧。

创造性生命开花正是和平的明证

瓦希德 在 5 世纪上半叶，中国佛教徒法显① 来到印尼，这是佛教传入我国的历史上值得特别提及的事。据史料记载，他是从印度返回中国的途中漂流到爪哇岛的。

池田 法显认为佛教的《经》《论》（解说）和《戒律》这"三藏"在中国还不全，他是以一种要把它们补全的求道之

---

① 法显（约 337—422）：中国东晋佛教人士。自幼出家，有感于中国佛经的不完备，从长安出发前往印度学习梵文与佛经后归国。著有游记《佛国记》，并将《大般涅槃经》等佛经译为中文。

心启程去印度的，当时已是大约 60 岁高龄。他于 399 年从中国的长安出发，经过了艰苦的塔克拉玛干沙漠，越过了险峻的帕米尔高原，横渡印度河，整整耗费了 6 年的岁月才到达印度。

法显在印度和斯里兰卡滞留近 6 年，在各地有关佛教徒生活和戒律文献方面增长见闻，努力搜集宝贵的佛教经典，之后从海路途经印尼时遭遇暴风，最后漂流到青州（今中国山东省）才得以回国。那时法显已经 70 多岁了。从此以后，他专注于翻译介绍带回的佛经，其数多达 6 部 63 卷，还写了游记《佛国记》（亦称《法显传》）。在《佛国记》的末尾，他写道："回顾经历之处，不由得心动汗流。所以渡危处、踏峻险而不惜身命，因志向坚定，愚直到底。于是我投命于必死之地，以达成万一之希望。"（原文："顾寻所经，不觉心动汗流。所以乘危履险，不惜此形者，盖是志有所存，专其愚直，故投命于不必全之地，以达万一之冀。"摘自长泽和俊译注《法显传、宋云行记》，平凡社）

这反映出法显以高龄之身越过众多险境的不屈信念。

瓦希德　这般高龄能完成这些事，实在令人惊叹。然而也是因为这种辛劳，才能为我国带来佛教的精神。当时在印度和中国之间究竟开展了怎样的具体交流？加强这一研究于今日的我们而言也有重要的意义。

池田　我很同意。

法显从中国往返印度时访问过的国家多达二十几个，当然从地理上看来都是些险难之地，但他一次都没有卷入战乱。我很关注这一点。也许可以说，这反映了在当时亚洲广阔区域内，人员与文化的往来是在和平中进行的。特别是从印度到中亚一带，佛教几乎遍布全域，很多国家都虔诚地信仰佛教，各国之间维持着和平的关系。

今天，因飞机等交通工具的发达，法显所面临的地理障碍都被克服了。但如何扩大深入的精神与文化交流，则是今后的重大课题。

法显翻译的佛经中，记述了释尊直到逝世前一刻仍在进行弘法之旅的情况。释尊有一天来到印度一个商业都市，看到各种不同肤色的人们，穿着不同的服装，戴着不同的饰品，他便教导说："看看那些人啊，他们与色彩鲜艳的天神们是同等的存在。"（《佛陀最后之旅》，中村元译，岩波书店）

把人种、民族及文化上的差异毋宁看作人类生命多姿多彩的体现来加以赞美，这种精神就存在于佛教之中。

瓦希德　佛教徒为把印尼发展成多民族国家作出了贡献。

法显具有丰富的学识，他的学识和佛教精神，被印尼历史上的佛教王国三佛齐王国所继承，其中有一些成为我国至今不变的传统，那就是"尊师""为公共利益而工作""建立良好的社会关系"这三种精神。

池田　哦，这些精神的确都与佛教的核心思想是相通的。

中国唐代僧人义净在三佛齐王国时写下的著作《南海寄归内法传》，就反复强调佛教繁荣的关键在于"师徒之道"。书中说："佛法纲纪，以（体现师道的）教诲为首。"（《现代语译南海寄归内法传——七世纪印度佛教僧伽之日常生活》，宫林昭彦、加藤荣司译，法藏馆）

　　义净赞美严父慈母般培育自己的两位远在祖国的恩师，他这样写道：

　　　　两师的聪明，如日如月（俦命两曜）

　　　　两师的胜德，如天如地（比德双仪）

　　　　（两师）磨炼我智慧之刃（砺我慧锷）

　　　　（两师）滋养我佛法之肌（长我法肌）

　　　　（两师）携手养育（提携鞠育），

　　　　亲诲忘疲（亲诲忘疲）。（《现代语译南海寄归内法传——七世纪印度佛教僧伽之日常生活》，宫林昭彦、加藤荣司译，法藏馆）

　　报答师恩，报答师德——义净把弟子的这种心情留在了贵国天地，跨越了国境，也超越了时代。

　　日莲大圣人的教诲重视"恩"，教导我们要有报答培育了自己的父母恩、师恩、社会恩及一切众生恩的生活态度。

　　总之，《南海寄归内法传》详细记载了亚洲南海诸国佛教徒的真实生活，成为了解当时各地社会和风俗的宝贵史料。

　　瓦希德　是的。继法显之后，在7世纪后半叶访问三佛齐王国的义净指出，当地除了佛教之外还存在着很多其他文化，他还记载了三佛齐王国在扩大领土的过程中从北加浪岸（Peka-longan）远征爪哇岛中部腹地的一些事。

当时，三佛齐王国的人们在今天的禾诺波县（Wonosobo）地区与信仰印度教的卡陵加王朝①相遇，但他们没有强制卡陵加王朝皈依佛教，后来三佛齐王国的人们又从那里南进到现在的日惹。

8世纪后半叶，爪哇中部又出现了一个同样信仰佛教的夏连特拉王朝②，这个王朝在现在的蒙蒂兰（Muntilan）附近的马格朗（Magelang）建立了婆罗浮屠③寺。

池田 婆罗浮屠已被联合国教科文组织列入世界遗产，是著名的大乘佛教遗迹。那壮丽的金字塔型建筑，其底部的正方形塔座边长120米，塔高30多米，被誉为世界最大规模的佛教遗迹。

瓦希德 这个被称为世界七大不可思议之一的婆罗浮屠寺，全部用石材建造，完全没有使用水泥那样的黏合剂。

池田 在建筑技术方面的确非常高超。此外，据说回廊

① 卡陵加王朝（Kalingga Kingdom）：存在于7世纪中叶至9世纪中叶的爪哇岛中部印度教国家。根据中国文献记载，其又称为诃陵。曾有中国佛僧到访，在当地居住3年。据说之后该国信奉佛教。

② 夏连特拉王朝（Sailendra）：繁荣于8世纪至9世纪的爪哇岛中部王朝。信奉大乘佛教，建立了婆罗浮屠等许多寺院。

③ 婆罗浮屠：位于印尼爪哇岛中部的世界最大佛教遗迹。建于8世纪至9世纪的夏连特拉王朝时期。以安山石等筑成，是高逾30公尺，边长约120公尺的九层塔。长久隐藏于密林中，1814年始被发现。

墙面绘有释尊① 一生及佛经中诸多教诲的浮雕，多达 1460 块。这在艺术上有很高的价值。听说法国画家高更有婆罗浮屠的照片，他对浮雕上优美的人物肖像进行了深入的学习，经常用于他的作品中。

贵国的文化通过各种途径给了世界伟大的启发。汤因比博士是这样描述他在造访心之神往的婆罗浮屠时的感动的：

> 山脚下有绿色草坪，后面垂下的大幕就是森林覆盖的青山。在东边的肥沃平原上，水田闪闪发光。这里有野生的"自然"和人所征服的"自然"，有建筑天才与雕刻天才，有一切生灵的救世主在世间的生涯，有概括宇宙神秘的诗和耳朵无法听到的天籁般的交响曲。（《从东到西》，黑泽英二译，每日新闻社）

宗教性的情愫与感动会唤醒人的创造力。在创造性中，产生了诗歌、产生了绘画、产生了音乐，最终归于某种表达方式。

人类创造性生命开花结果，就是文化的源泉，就是和平

---

① 释尊：佛教始祖。其生存年代有诸多说法，如公元前 566—前 486 年或公元前 463—前 383 年等。诞生为今日尼泊尔的释迦族王子。为解决人们生老病死的问题，于 29 岁（一说 19 岁）时出家，35 岁（一说 30 岁）开悟宇宙与生命的根源之法。80 岁入灭前，前往各地弘法。入灭后释尊的徒弟结集其教义（即第一次佛经结集）。

的明证。

连结文化与宗教的"丝绸之路"

瓦希德　您说得很精彩！

婆罗浮屠寺是我国值得骄傲的历史文化遗产，不仅是佛教徒，很多伊斯兰教徒都参访那里。

如您所说，那回廊墙面的每一块石头上都有雕刻，可以说象征着当时人们的"和平之心"与"不屈不挠的精神"。

与这一佛教的传播史一样，伊斯兰教传入我国也是在和平中进行的。

一般地说，伊斯兰教和相关文化传入印尼，估计是在7世纪前后，也就是佛教王国三佛齐的时代。当时三佛齐王国是一个掌握了包括马六甲海峡在内的印尼西部交易通道的海洋王国，它非常繁荣，有很多阿拉伯人、波斯商人以及印度商人经常往来。伊斯兰及其文化通过他们传了进来，商人和船员在运送商品的同时介绍了伊斯兰教的道德观念，引进了伊斯兰的价值观。据说，通过与他们的交流，在印尼商人之间开始流传伊斯兰信仰。

伊斯兰教当初并没有传教士那样的特别角色。也就是说，伊斯兰的传教义务并不限于特定的群体，而是不同的伊斯兰社会的义务。就这样，伊斯兰教的流布没有暴力或强制，和平地传播开来。

池田　这个史实很重要。特别是商人很活跃，是吗？

您的朋友、文豪普拉姆迪亚曾说，商人是人类中最活跃也最聪明的存在。他说："商人被称为索达加尔，那是'具千种智慧者'之意。"还说："先知穆罕默德原是商人并非偶然。商人对于世间事、对于我们活下去所需之物以及对人的营生，拥有广泛的知识。商业活动把人从地位和身份中解放出来，它对人是不加区分的，无论是高位之人，还是卑微之人甚至奴隶。"（《普拉姆迪亚选集6·足迹》，押川典昭译，湄公）

摆脱了歧视人的心理障碍的"开放精神"发挥作用时，就会自然地涌现出鲜活的智慧与活力，不是吗？

从历史上看，商业活动可以养成开放的风气，可以把世界连结起来，这是一个事实。那条"丝绸之路"既是商业之路、文化之路，也是宗教之路。

如果说连通印度与中国、传播了佛教的是"陆上丝绸之路"，那么连结阿拉伯、波斯地区和印尼而传播了伊斯兰教的则是"海上丝绸之路"。

瓦希德　是的。起初伊斯兰教传入的区域是苏门答腊岛北部、西部与爪哇中部。

三佛齐王国衰落后，在苏门答腊岛特别是苏木都剌王国，伊斯兰教获得了惊人的发展，然后从苏木都剌继续向马六甲、米南加报（Minangkabau）、廖内（Riau）、塔帕努里（Tapanuli）等地扩展。

　　伊斯兰教传到爪哇岛是在西玛① 女王（674 年即位）统治时期。

　　印尼历史上的宽容精神也体现在信仰其他宗教的人对待伊斯兰教的态度上。在爪哇岛，印度教与佛教王国的满者伯夷也给伊斯兰传教者们留有了一席之地。满者伯夷 15 世纪左右衰落后，伊斯兰教迅速扩展，这一时期，有一些人在把伊斯兰教传播至爪哇岛每个角落方面作出了重要贡献，他们就是"九圣人"（Wali Songo）②。

　　池田　据说九圣人非常重视甘美朗音乐、哇扬戏剧等传统文化和艺术，同时也推广伊斯兰教。

　　瓦希德　是的。众所周知，九圣人之一的苏南卡里加贾（Sunan Ka-lijaga）非常注重与当地文化的协调，他和弟子成功地保护了我们今天所欣赏的区域文化。

　　九圣人在印尼进行伊斯兰传教活动时，为了让儿童也能理解伊斯兰教义经常使用歌唱的方式，那都是象征伊斯兰教义的歌曲。我自幼喜爱的皮影戏，就是九圣人根据以前的哇扬进行创造和发展出来的，他们把它运用在了传播伊斯兰教上。

---

① 西玛（Shima）：统治爪哇卡陵加王国的女王，674 年即位。据传她为人光明正大，意志坚毅，严惩不公。
② 九圣人（Wali Songo）：15 世纪后半叶至 16 世纪后半叶，在印尼爪哇弘扬伊斯兰教的九位圣者的统称。"Wali"在阿拉伯语是"圣者"，"Songo"在爪哇语中是"九"之意。作为爪哇神秘主义与伊斯兰融合的象征，至今仍为民众所崇拜。

　　池田　在学者们的努力下，最近日本也收集了以古印度叙事诗《摩诃婆罗多》为题材的哇扬故事并翻译出版了。（关于哇扬故事《德瓦希》（Dewa Ruci）、《般度升天》皆摘自或参照松本亮编译《哇扬、爪哇，口述集——摩诃婆罗多编》（上下卷），八幡山书房等）

　　这些研究发现，九圣人把伊斯兰教的思想反映在了《德瓦希》故事里的王子怖军（Bima，梵文的 Bhima）这个人物身上。

　　"永恒的生""完整的生"是什么？王子怖军为了追求人生的意义，走到了人迹罕至的山中和大海，最终得到了"在您的生命中寻求完整的生命"的启示。

　　进而，"生死"也成为主题。怖军还出现在《般度升天》的瓦扬故事中，他就"人从何处来，来干什么，又将往何处去？"这个"伊尔姆"（关于生命的精髓思想）做了阐述。

　　这样说来，我想起画家高更也画过参透人的生死的集大成之作《我们从哪里来？我们是谁？我们去哪里？》（Where do we come from? What are we? Where are we going?）（L·波顿《大师绘画技法高更》，仓田一夫译，艾尔得出版）

　　关于这一点我们以后再详细讨论。总之，佛教是为了寻求"生老病死"这四苦的解决之道而诞生的。探究任何人都无法回避的生死问题，寻求生命的"永恒性"，这是人类的普遍课题。

　　据说九圣人之中，还有出身于印尼之外的人？

瓦希德　是的，第一位的苏南毛拉纳·马立克·易卜拉欣（Sunan Maulana Malik Ibrahim）据说是波斯人。

如果再详细地看当时伊斯兰教的发展史，就会发现伊斯兰教的传播在苏拉威西岛就没有像苏门答腊岛和爪哇岛那样顺利。因为政治上的利害相争，非伊斯兰王国对伊斯兰进行了抵制。此外，加里曼丹岛伊斯兰教的发展从 1550 年苏丹·史耶努拉① 时期以后迅速发展。

结果，伊斯兰教在印尼各地的影响不断扩大。如淡目王国②、巴章王国③、马打兰王国④、万丹王国⑤ 等，在加里曼丹岛、苏拉威西岛、苏门答腊岛也都诞生了伊斯兰王国。

---

① 苏丹·史耶努拉（Sultan Suryanullah）：南加里曼丹苏丹国的苏丹·班加尔一世（1550 年即位）。在信仰伊斯兰教之后，得到苏丹·史耶努拉的称号。加里曼丹即马来群岛之一的婆罗洲。

② 淡目王国（Sultanate of Demak）：存在于 15 至 16 世纪的爪哇岛北部伊斯兰教王国。原为满者伯夷王朝领土的淡目地方，趁该王朝国势衰退时，联合周边区域实现独立。

③ 巴章王国（Kingdom of Pajang）：16 世纪爪哇岛东部的伊斯兰王国，在爪哇岛拥有极大势力。由淡目王国第三代特林卡纳国王的女婿久哥·丁基尔（Joko Tingkir）所创立。

④ 马打兰王国（Mataram Sultanate）：繁荣于 16 世纪至 19 世纪的爪哇岛中部伊斯兰王国。17 世纪时统治全爪哇岛，极为兴盛，18 世纪起被荷兰统治。

⑤ 万丹王国（Sultanate of Banten）：繁荣于 16 世纪至 19 世纪的爪哇岛西部伊斯兰王国。积极传教并致力于扩大贸易，16 世纪中叶成为东南亚数一数二的胡椒贸易港。

凝聚了民主主义理想的"座谈会"

池田　从历史上看，您觉得为什么贵国的人民能如此广泛而深入地接受伊斯兰教？

瓦希德　当然有各种因素，但我认为伊斯兰所倡导的"平等"与"宽容"是主要原因，这与我国尊重多样性的精神传统是一致的。

伊斯兰教认为人与人之间没有身份和阶级上的差异，认为人本来没有上下之分，不存在高位者与卑微者，大家都是"神的仆人"。《古兰经》中有这样的教导："你们有你们的宗教，我有我的宗教。"（日阿对译、注解《圣古兰经》，日本伊斯兰教协会）先知穆罕默德也尊重不同意见。

正是因为有了这些教导，所以我也才能与有任何宗教和思想背景的人交换意见。最近我与信奉儒教的宾基·伊拉旺①和印尼牧师协会的努古洛何·加佛亚迪会长也经常交谈。

池田　听说贵国自独立以来，除了伊斯兰教以外，佛教、印度教、天主教和基督教都成为政府公认的宗教，近几年儒教也被正式认可。而我知道，您早在这种动向出现以前，就持续地热心倡导要尊重少数派的思想和宗教，也主张要正式承认

———————————

① 儒教：以中国古代思想家孔子（公元前 551—前 479）的教义为基础形成。重视民族性"礼"教实践的被称为儒教；以"仁"等教说为中心的被称为儒学。后来儒教、道教与佛教被称为三教。

儒教。

"平等"和"宽容"也是佛教的核心思想。释尊教导说："人非因为其出身而成婆罗门"，"人因其行为而成婆罗门。"（《佛陀的话》，中村元译，岩波书店）释尊强调人的真正价值不在于血统和出身等外在因素，而仅在于"信仰"这一内在精神。此外，日莲大圣人的佛法有"樱梅桃李"之教。樱是樱，梅是梅，桃是桃，李是李，它们绽放各自的个性之花而后彼此调和。与此相同，众人在"生命尊严"与"人性"这一共同的大地上生根，发挥各自的个性去构建着多样性的世界。

瓦希德 "樱梅桃李"啊？真是饶有兴味的教诲。

除了刚才说的宽容与平等，我想还有一个重要因素在印度尼西亚表现得非常明显，那就是在伊斯兰传播的过程中，尊重了当地固有的文化和习惯。

我作为"伊斯兰教师联合会"的领导人，也始终强调要基于伊斯兰教诲的本质，尊重传统文化和习惯。关于巴山甸，我主张不只是培养阿訇（akhoond，伊斯兰学者、领导者），一定要把培育体现各地传统宗教道德的人很好地纳入视野。

池田 佛法中也有"随方毗尼"之教，主张只要不违反佛法本义，就要最大程度地尊重对方国家的文化和习惯，适应当地的特点和时代的需要。

佛法的目的是和平，是人类的幸福，是社会的繁荣。佛教是为了实现这些的一种信仰。脱离了社会，就没有佛法。因此，就要总是基于丰富的良知而行动，作为一个公民为社区、为人类、为和平作出贡献……这就是我们创价学会和国际创价学会（SGI）的活动所贯彻的精神。

长期以来，我们都从事那样的地区活动，并作出了不懈努力。例如，我们不问男女老幼、职业学历，召集地区居民一起分享人生的喜怒哀乐，共同学习佛法、磨炼信仰、相互鼓励、共同成长。这是一种少数人的聚会，名为"座谈会"。

瓦希德　这种实践非常重要。这是佛教史上一开始就有的传统吗？

池田　是的。佛教向世界传播的出发点就是与现代的座谈会相通的"少数人聚会"。

在菩提树下彻悟的释尊，很为如何将自己所悟之道传达给别人而苦恼。于是释尊决心把最初说法的对象确定为曾与他共同修行的五个伙伴，而不是不特定的人们。这种场景，在婆罗浮屠寺的浮雕上也有描写。日莲大圣人的佛法中也有"常相聚首"之教（《御书》第1114页），重视少数人聚会、学习、对话和勉励，所以创价学会自创立以来也是彻彻底底地重视"座谈会"。

有一次，一位青年问第一任会长牧口先生："不开座谈会，而是举办大型演讲会，不是能向更多的人宣传我们的主张吗？"牧口会长的回答是明快的："不！不是的。关于人生的问题，不对话是无法与对方相通的。演讲只会让听者感觉是与己无关的事。"牧口会长在战前臭名昭著的特高警察监视和干扰下，仍坚持召开座谈会，畅谈人本主义的佛法，给人们带来了勇气和希望。

　　创价学会继承了牧口会长的信念，一直贯彻至今。国际创价学会（SGI）也贯彻这一精神，在192个国家和区域通过"座谈会"互相敞开胸襟，踏实地一步步扩大了心与心交流对话的网络。许多参加过这种座谈会的有识之士也给我们写来了他们的共鸣，特别是有很多人从中发现了"民主的原点"。民主的出发点彼此承认同样是人并互相承认人格的尊严。有些通情达理的智者这样评价我们：超越一切立场上的差异，一起欢笑，一同流泪，携手互勉，民主的理想就凝缩在这种座谈会中。

　　瓦希德　互相尊重对方的人格是非常重要的。彼此学习对方的长处，分享双方的长处——这种过程本身就是共同提升人性的方法。只要有了相互信任之心，就会产生真正意义上的心与心的交流。

　　也许与宗教话题稍有偏离，我非常景仰被誉为"印尼教育之父"的基·哈查尔·德万塔拉①。至今仍被我国教育界奉为经典的话"在背后支持"就是他的教育理念。也就是说，基·哈查尔·德万塔拉重视的是"在幕后是支撑，在其中是尽力，在前面是楷模"的态度。国际创价学会（SGI）的成员通

————————

①　基·哈查尔·德万塔拉（Ki Hajar Dewantara，1889—1959）：印尼教育领袖。1922年在日惹创办"学生公园"学校等，致力于教育活动。印尼独立后，历任教育暨文化部长等要职，其生日5月2日被定为印尼的国定节日"教育日"。

过"座谈会"运动与他人一起构筑的不正是这种人与人之间的美好关系吗？

池田　感谢您的理解。

释尊在一部经典中，对人们所处的境遇和气质上的千差万别，用这样的比喻教导说："莲花有蓝色的、红色的，也有白色的。既有在水中繁茂的，也有达到水面和浮出水面的。"（《阿含经典》4，增谷文雄，筑摩书房）10 个人会有 10 种烦恼，100 个人会有 100 种痛苦。怀着赤诚之心面对，共同走向幸福与胜利的人生，这就是我们的目标。

创价学会第二任会长我的恩师户田先生引用《法华经》中"未曾暂废"的话，认为创价学会要无一遗漏地让所有苦恼的人幸福，就要片刻不停地奋斗。他还强烈地期待创价学会能成为使丰厚地滋润着社会的"激发人的辽阔大地"。

在迎来创价学会成立 80 周年（2010）之际，我们决心，以我们的出发点"座谈会"为支柱，在社区里、在社会上把和平与人道的大潮推展开去。

第六章　宽容的原点与历史

尊重他者，关注真实

池田　创价大学以前曾接待过来自中亚伊斯兰圈的乌兹别克斯坦的教育与文化界的领导。此外，创价大学从 1989 年开始就与乌兹别克斯坦科学院艺术学研究所共同开始了丝绸之路的研究。在考古调查方面，还出土了体现贵霜帝国① 时期佛教文化的贵重文物。

参加过丝绸之路调查等中亚研究的创价大学毕业生，给我寄来了一本乌兹别克斯坦出版的伊本·西那② 的著作。伊

---

① 贵霜帝国（Kushan Empire）：约公元 1 世纪至 5 世纪，由伊朗语系的贵霜民族所建立，横跨北印度、中亚的帝国。作为贸易要冲，成为融合东西文明之地，因为多民族构成的国际性国家而繁荣。在此王朝下大乘佛教兴盛，并发展了健驮逻艺术等各种学问与文化。

② 伊本·西那（Ibn Sina，980—1037）：在西方世界以拉丁名「阿维森纳」（Avicenna）闻名。出生于今日乌兹别克的都市布哈拉，为伊斯兰世界最高的哲学家、医学家，并作为政治家而活跃。受亚里士多德哲学影响，于伊斯兰世界确立了其体系及方法论。现今尚有的著

本·西那是代表一千年前伊斯兰世界的哲学家，也是一位医生。

他的著作中有这样一段话："真挚的友谊，乃是你的黄金之宝。"（《伊本·西那选集》，乌兹别克共产党中央委员会出版，塔什干，1981）对我而言，与瓦希德博士的友谊正是黄金之宝，它闪耀着不朽的金色之光。这一次，让我们为了未来继续恳谈吧。

不久前（2009 年 7 月），日本发表了一项针对正在贵国等中东以外伊斯兰文化圈长期居住或曾有过居住经历的日本人的调查结果，（在日本文部科学省"以世界为对象之因应需求型区域研究推进事业"计划《亚洲的中东——以经济与法为中心》事务局的统筹下，由谷川达夫等人实施的调查《日本人的中东以外的伊斯兰社会观——以长期居留者及有居留经历者为对象》）当问到在东南亚伊斯兰文化圈长期居住的人"到当地之后对伊斯兰的印象是否有变化"时，回答"印象变好"的人比例提高了。许多人是在自己直接在伊斯兰社会与当地的人交流之后而产生了好感。有的人说："我了解了信教者心灵的纯净与美好，印度尼亚西有'潘查希拉'（Pancasila，建国五项原则）这一基本国策，我为此很受触动。"

这"潘查希拉"正是贵国独立时制定的吧。

作有 242 部，以哲学著作《治疗论》《医典》著名，特别是后者，自 12 世纪至 17 世纪成为欧洲世界的医学权威，被指定为医校的教科书，给予后世莫大影响。

瓦希德　是的，我父亲就是印尼独立准备调查会的一员，也是策定"潘查希拉"的人之一。"潘查希拉"就是 1945 年宪法前言所宣示的五项原则。即：

一、对唯一真主的信仰；

二、公平与文化的人道主义；

三、印度尼西亚的统一；

四、在协商与代议制中由精英所引领的民主；

五、面向所有印度尼西亚人民的社会正义。（土屋健治译、石井米雄监修《理解东南亚丛书印尼事典》，同朋舍）

1945 年宪法保障所有宗教的发展。任何宗教的信徒对于国家而言都是平等的，他们不管信仰何种宗教，同属印度尼西亚民族。他们与我们是同一个民族的兄弟，他们拥有依从各自的宗教与信条而从事各种宗教活动的权利。为此，我们拥有规范，有尊重信仰宗教并和睦相处的伦理。

信仰宗教、和睦相处在印度尼西亚民族社会整体的统一性和一体性中被强调出来。共同携手维护和谐、安宁、清新的社会氛围，是印度尼西亚全社会的义务。

正如您刚才所提到的那项调查，很多在我国长期居住的人，对于我们国家的理论和伊斯兰教是抱有好感的，他们的认识也是在不断加深的。我为此而感到无比高兴。

池田　如您所说，为了和平，为了民主社会的发展，人们超越种种差异而进行合作变得愈加不可或缺。从这个意义上说，以真诚的心努力去理解与自己不同的他者，这种态度就是非常重要的了。

在现实社会中，根据不愿意去了解他者的真实情况，而是仅仅凭片面的信息与印象单方面地对对方作出粗暴的判断，这种现象实在是太常见了。这样只能让对立和悲剧不断重演。宗教也是这样。

释尊曾强调："见其本然。"（《佛陀的话》，中村元译，岩波书店）一切要从"正确地看"开始。

创价学会的第一任会长牧口先生也曾告诫我们"不得无认识而评价！"去以前未曾有过认识的国家实际访问、与那里人进行交流和对话，就会学到很多东西。接触这些国家引以为豪的历史与文化，也会使我们受到很大启发。因此，我在1962年创办了东洋哲学研究所，把它作为研究世界不同文化与思想、推动学术交流、加深相互理解的基地。

汤因比博士也曾强调："从我的经验看，为我们逐渐去除传统偏见的，就是个人之间的交往。无论对方信仰何种宗教、属于哪个国家、是哪个人种，如果能与他有个人的交往，那就一定会理解，对方与自己一样，都是人。"（《交游录》，长谷川松治译，牛津大学出版局）

这与我的实际感受是完全一致的。

瓦希德　*我也这样认为。*

我最早读到的汤因比博士的著作，是他关于伊斯兰文明与西方文明的系列演讲。后来，我更读了池田先生与汤因比博士的对话录，书的内容至今仍深深地吸引着我。这本对话录对于我这样一个伊斯兰教徒所直面的思考给予了非常丰富的思想资源。博士作为历史学家，他告诉我们，当一个集团面临危机时应如何对处，又如何找到最好的解决方案。

池田　是啊，我在对话中也学到了很多东西。

引起汤因比博士关注的古希腊诗人埃斯库罗斯[①] 的诗中有"苦恼是智慧之母"一句。（《历史研究》1，"历史研究"刊行会）这是说有这样的规律——在应对苦恼的挑战时，才会出现能够带来新创造的智慧。这种智慧的源泉，正是创造社会的每个人的精神努力。

在探索和平方面，不管遇到何种困难，每个国家和民族的人们都坚韧不拔地、彻底地去致力于促进彼此的相互理解，这才是根本。而在目光狭隘的利己主义者眼中，是无法看到他者的真正面貌的。

汤因比博士认为自己作为一个历史学家，他的责任之一就是要开阔人们的视野，克服那种自我中心性。

瓦希德　我非常理解他的想法。

引起纷争的要因，首先在于无休止地只追求自己的好，没有宽容性，总想着只要自己好就行。

汤因比博士在与池田先生的对话录中强调，要改变那种企图把一切都用于自己的利己态度，也要改变仅仅把自己作为

---

① 　埃斯库罗斯（Aeschylus，公元前525—前456）：古希腊三大悲剧诗人之一。代表作有《奥瑞斯泰亚》三部曲。

一个局限的社会成员的态度。所以他说，把人置于人类的一员和宇宙的一员的视野中，才是宗教本来应发挥的作用。

池田　所言极是！汤因比博士希望宗教能成为使人获得积极的宽容精神的推动力。他这样期待着："在我们今天所面临的世界中，现存不同宗教的皈依者们对待其他宗教的遗产，要比以前有一种更加宽容、尊重和表达敬意的胸怀。"（《一个历史学家的宗教观》，深濑基宽译，收录于《汤因比著作集4》，社会思想社）

2009 年，是联合国确定的"国际和解年"。2010 年，是"国际文化和解年"。

许多文化与文明的基础包含着宗教，这是无可否认的事实。正因为这样，宗教间的对话才是相互理解的原动力。

目前，也有推动伊斯兰教与基督教间宗教对话的动向，瓦希德博士认为其中最重要的是什么？

瓦希德　是相互尊重。伊斯兰人尊重基督教；基督教徒也尊重伊斯兰教。如果能这样，也就是如果能有互相尊重的态度，那么竞争的性质当然就会以比较好的方式加以克服。

池田　伊斯兰教和佛教之间也是如此。

接下来我们重点来谈一谈伊斯兰教和佛教的源流——穆罕默德和释尊的生涯吧。

穆罕默德与释尊

瓦希德　好的。

据传穆罕默德大约在公元 570 年生于阿拉伯半岛的麦加城。他的家庭属于麦加一个很有势力的部族古莱什部族，但是他家不仅不富裕，而且他的父亲阿卜杜拉（Ab-dullah）在穆罕默德还在母亲腹中时就已去世，他的母亲也在穆罕默德 6 岁时亡故了。后来穆罕默德由祖父养育，但就在他平复了丧母之痛不久，未满 8 岁时的他又与祖父永别了。在正需要双亲照顾与疼爱的幼儿时期，穆罕默德失去了父母，连祖父的依靠也没有了，成了孤儿。

幸运的是他得到了他的叔叔艾布·塔利卜的保护和养育。

但生活依然贫困，直到他 25 岁与麦加的女富商赫蒂彻（Khadijah）结婚时，生活状况才得以好转。认真和工作热心的穆罕默德被周围的人称作"阿米恩"（诚实的人），所以他得到了赫蒂彻的求婚。

《古兰经》① 关于穆罕默德的成长经历有这样一段描述：

难道不正是（真主）发现了你这孤儿而慈爱地庇护

---

① 《古兰经》：伊斯兰经典。穆罕默德受神启示整理而成，为阿拉伯语散文诗体，共 114 章。内容为伊斯兰的世界观、礼仪等行动规范，婚姻、刑罚等法律规范等，遍及生活上诸多层面。

了你?

　　难道不是他发现了迷途的你而向你伸出了援手?

　　难道不是他发现了赤贫的你而使你富有?

　　(《古兰经》(下),井筒俊彦译,岩波书店)

池田　幼年时的辛酸是穆罕默德的出发点啊。

穆罕默德早年失去了双亲,而释尊也是在出生一周后失去了母亲。

释尊作为一个王子出生于今天的尼泊尔,那是公元前 6 世纪,也有人认为大约在公元前 5 世纪,各种说法有所不同。

释尊从年轻的时候起就展现出非凡的才华,虽然他生活在受到保护的环境中过着非常舒适的生活,却对人生问题有着深刻的苦恼。

据推测,他因母亲生下他后很快离世而产生的痛苦与孤寂可能是背景之一。

随着卓尔不群的释尊长大成人,他看到人们日益衰老,意识到自己也将这样"老去",更意识到任何人都无法逃避"病患"与"死亡"。虽然他已经结婚而且有了孩子,但生老病死(佛教所说的"四苦")之忧却挥之不去,最后决心出家了。在晚年,释尊回顾当时的情景,说是在年轻之时"出家求善道"。(《中村元选集 11·释迦牟尼 I》,春秋社)他抛弃了王子的地位,作为一个人,去追求人的本质即生老病死这四苦的根本解决之道。

我想，"求善道"这句话中蕴含的是释尊为了所有人不仅是自己战胜痛苦、找到幸福而奋起的意识和决心。

瓦希德 这就成了佛陀人生的一大转折吧。

池田 是这样。释尊所面对的生老病死问题不是特殊的问题，而是所有人都要面对的问题，这也是古今东西伟大的文学、哲学和宗教不断探究的主题。

例如，现代印尼语之父阿里夏班纳①博士的作品中也引用过这样一句戏曲："人为何而生？又必因何故而死？"（《火焰树——印尼女性、爱的省察》，木村操译，学苑社；《麻喏巴歇的黄昏》戏曲）

人为什么出生？为什么会死？可以说这正是对生命意义的追问。

严肃地面对死亡，会成为充实此生的力量。为了度过有永恒价值的人生，就要探究生命的意义。

关于这一点，阿里夏班纳博士在他的名著《战争与爱》中有这样的场景：一个在日本军国主义下受到严格教育的青年，他美化战争，赞扬为了战争而牺牲自己生命的行为。但有一位妇女不断地劝说他，告诉他在有生之年坚持活到最后的那种美好。她说："生命是多么的美好！以责任感和闪耀着光辉的创造性而生，这时的人生就会有深刻的意义，就会充实，就

---

① 阿里夏班纳（Sutan Takdir Alisjahbana，1908—1994）：印尼作家、记者，被称为"现代印尼语之父"。他以积极的言论活动，致力于印尼近代文学的发展。代表作有《火焰树》《战争与爱》等。

会丰富。这，你不能理解吗？没有比生命更美好、更崇高的了。"(《战争与爱》（下），后藤乾一监译，河野恒雄、佐佐木信子、首藤元子等合译，井村文化事业社)

正因为有了无可替代的宝贵生命，才会去直面生老病死，才会为了人们、为社会而发挥出创造性，才会活到最后，获得庄严——佛法教导给我们的，也是这个道理。

启示与开悟

瓦希德　非常理解。

穆罕默德以其宗教的崇高性、高尚的品格与卓越道德闻名于世，他的诚实正直也是众所周知。

穆罕默德婚后过着较为安稳的生活，但他在受到成为使徒的召命之前，就观察神力的体现，特别是一切形式的美与力量以及安拉的造物，而且为了深入地探究它们而常常进行思考。

他思考天、地以及天地间的万物，深入地探索"什么为害社会并使其毁灭""为什么人们会崇拜偶像"这些问题。在麦加近郊有座希拉山，是一座用 30 分钟就能登顶的小山，穆罕默德曾经每年一度在这座山上的一个洞穴冥想。公元 610年，40 岁的穆罕默德通过天使吉卜利勒（加百列）得到启示，正是在这座希拉山的山洞中。那一夜，被称为"贵夜"（Laylat al-Qadr）。穆罕默德在此前长达 40 年的时间里都在为了担当这一重要的使命而做准备，而这时天使吉卜利勒来访，向他传来安拉的几句话。预言家的伟大灵魂为启示之光所照耀，那时，他把听到的话铭记于胸。

从此以后，直到穆罕默德去世的二十几年间，这样的启示一直持续着，后来被集为圣典《古兰经》。

池田 您所说的"在长达40年的时间里都在为了担当这一重要的使命而做准备"，是说穆罕默德所经历的各种苦难都具有重大的意义吧？

释尊为了寻求解决生老病死这一人生的根本问题而出家，他在森林中从事了包括断食在内的极端苦行。因为当时印度有这样一种思想："要获得清净的精神自由，就要令不洁的身体痛苦和衰弱。"但经过6年仍无法悟道的释尊，得知苦行并非真实之道，于是便放弃了苦行。他调整身心，在佛陀伽耶①的菩提树下进入禅定，探究自己的内在生命。对于内心深处的洞察超越了家庭、民族、人类、自然界共享的生命层次，也超越了相通于地球和银河系的层次，深入到大宇宙的本源，最后终于到达了与宇宙生命本身为一体的终极层次。

在这"内在宇宙"的洞察中，释尊发现了所有生命相互连结，互为关联，周而复始地进行生死流转的宇宙真相，并一语道破使人产生生老病死这些苦痛的是深深扎根于一切生命深

---

① 佛陀伽耶：位于印度比哈尔州格雅市南方10公里处的村庄。现为菩提伽耶，为释尊开悟之地而闻名。

处的利己性，亦即"无明"。释尊在完全克服无明的同时，悟到了贯通于跃动着的宇宙生命之中的根本之"法"（真理），把觉醒于这一永恒之法的人称作"佛"。这个法，后来日莲大圣人说，正是"南无妙法莲华经"。

在觉知宇宙根源之法的佛的生命之中，可以产生将生老病死的苦恼转变为大欢喜的力量，并洋溢着由宇宙生命而外显的"智慧"与"慈悲"，进而会为救济苦恼的大众而行动。

这就是佛教，它旨在开启俨然内在于万人之内的佛的生命。佛教就是以宇宙根源之法为基础的"觉知"的宗教、"智慧"的宗教、"慈悲"的宗教。

瓦希德　悟道后的佛陀开始了怎样的行动？

池田　释尊在世时的印度，有着严格区分人的身份的种姓制度①，与此同时，认为"人的宿命已定，无论自己如何努力都无法改变"的宿命论思想相当普遍。在释尊以前，婆罗门②

———————

① 种姓制度（Caste system in India）：印度的身份制度。种姓（Caste）的语源是葡萄牙文之卡斯达（casta，门第、血统），在印度有家第（jati，出身）之意。源自古代雅利安人入侵印度时所创造的身份阶级。最高的种姓是婆罗门（祭司），其次是刹帝利（王族），再其次为吠舍（庶民），第四是首陀罗（奴隶），四种种姓为基本。而最底层的是旃陀罗（贱民）。现今种姓分为两千至三千种，种姓之间的排他性等过去阻碍了社会的现代化。独立后的印度宪法虽予以禁止，但种姓的影响仍然很大。

② 婆罗门：印度种姓中最高位的祭司阶级。将《吠陀经》奉为根本圣典的古印度民族宗教（婆罗门教）。

内也施予教诲，但通常对象仅限于极少部分的高徒。在存在着
这些束缚人的歧视制度与宿命论的情况下，释尊教导众人开启
佛的生命之法，这是划时代的。

前面我曾说过，释尊最初说法的对象不是统治者，而是
曾经一起修行的 5 个朋友。从开悟之地到这些朋友的居住地即
现在的印度鹿野苑①，释尊着实走了大约 250 公里之遥。

根据研究显示，释尊曾在印度某国说法超过 900 次，曾在
某国城市说法 120 次以上，曾在另一某国城市说法 49 次。（《前
田惠学集别卷 1·原始佛教圣典成立史研究》，山喜房佛书林）
释尊为了大众而亲自前往对话和说法，这种态度是从始至终
的。释尊 80 岁在沙罗双树下入灭之前，有许多教导。

他对于为求法而来追随自己的人，都是同样的慈悲。在
被誉为"八万法藏"的庞大经典中，位于最高峰的《法华
经》② 说："如我等无异。"（《妙法莲华经方便品第二》，收录于
《妙法莲华经并开结》，创价学会版）就是要把众生的境界提升
到与佛同等高度的意思。

伊斯兰教也是不分身份和民族，对大众开放的"世界宗

---

① 鹿野苑：位于印度瓦拉那西市北方的佛教遗迹。据传为释尊首次弘
法的圣地。

② 《法华经》：大乘佛教经典。在中文译本中，以鸠摩罗什译《妙法莲
华经》最为广泛。一般所谓的《法华经》即指《妙法莲华经》。作
为大乘佛教的经典，在整个东亚广为流传，也对中国和日本的文化
产生影响。

教"，第一位信徒就是穆罕默德的妻子赫蒂彻啊。

瓦希德　是的。在先知穆罕默德告诉众人安拉的话却无人肯听的情况下，第一个信奉这些教诲的，就是赫蒂彻。

赫蒂彻不仅为了支持穆罕默德的传教活动而捐献了财产，而且一直陪伴丈夫，在被反伊斯兰的人包围的情况下与丈夫一起度过危机，因而成为后世女信徒人生态度的特殊楷模。因此，穆罕默德深深地感谢妻子，说她"会因尊贵的道德心，在来世成为世界的女王"。

另外，穆罕默德的叔叔艾布·塔利卜虽然最后也没有成为伊斯兰教徒，但他终生都保护着和支持着穆罕默德。穆罕默德也与叔叔一起生活，也非常珍惜他。穆罕默德已经习惯了生活于多元性之中。此外还有这样的传说，基督教的三位牧师从纳扎尔（沙特阿拉伯东部的省）来时，穆罕默德也希望他们在清真寺从事他们的宗教活动。

以前也曾提到过，在宗教信仰上存在差异这方面，穆罕默德曾得到真主这样的教导："你们有你们的宗教，我有我的宗教。"（日阿对译、注解《圣古兰经》，日本伊斯兰教协会）在伊斯兰的教义中，倡导即使所信的宗教不同也必须给以同样的人的尊重这一宽容精神。

超越迫害，救济民众

池田　在许多宗教的本源之中，都存在着这种对他者的尊重与宽容性。

释尊说过："一切众生，要幸福，要安稳，要安乐。"（《佛陀的话》，中村元译，岩波书店）

佛教为了警示人们正义地活着，倡导"不杀生""不妄语""不贪欲""不邪见"，并主张"不杀生"是最为重要的。

非暴力是佛教的真髓之一。

穆罕默德、释尊、摩西、基督等成为大宗教原点的人物，他们在其各自的一生中都经历过极大的苦难。释尊几度遭人算计险些丧命。提婆达多是释尊的堂弟，也是他的弟子，此人名利心强，嫉妒释尊并背叛了他。他为了杀害释尊，从山上推下大石头，更向国王进谗言放出大象欲将释尊踩死。提婆达多还企图分化教团，煽动部分弟子离开释尊，但这一阴谋被释尊的高徒舍利弗和目连粉碎了。此外，还有很多陷害释尊的中伤，如诽谤释尊是某一杀人事件的主谋，当然后来证明释尊是清白的。

《法华经》中提到"多怨嫉"（《妙法莲华经法师品第十》，收录于《妙法莲华经并开结》，创价学会版），那是因为正义，才遭到非正义的压迫与诽谤。日莲大圣人曾明确指出："贤圣必试以骂詈。"（《御书》第 958 页）可以说遭受迫害时的表现，正能明确地体现伟大贤者与圣者的真正价值。这样的历史在了解其宗教本质的意义上，也是绝不该被忽视的。

瓦希德　的确如此。穆罕默德得到了亲人的帮助与支持，首先在麦加努力传道，可是随着信徒增加，似乎受到的迫害也成正比地增加。

古莱什部族的长老害怕他们在麦加的领导权就这样地落到穆罕默德手里，便想尽一切方法拼命地进行干扰，他们不仅在经济上进行封锁，使信徒饱受饥饿之苦，而且还策划通过不断地施加暴力压迫以设法阻止教团成长。在这种严酷的考验一桩接着一桩的时候，悲剧又于619年降临到穆罕默德的身上，他失去了妻子这位无可替代的理解者，又失去了叔叔这一后盾。穆罕默德的叔叔艾布·塔利卜曾作为哈希姆家族的首领对穆罕默德的传道活动进行了保护，叔叔过世后，古莱什部族的异教徒便变本加厉地对穆罕默德的传道活动进行妨害。麦加的莱什部族终于达成一致意见在夜晚暗杀穆罕默德，由于各部族的代表都出席了这次会议，因此即使穆罕默德就算被暗杀，哈希姆家族也无法报仇。然而，天使吉卜利勒前来告知了异教徒的计划，穆罕默德才得以脱离险境。

穆罕默德最后奉安拉之命，于622年与信徒一起移居到距麦加300多公里处的叶斯里卜（或称雅斯里布，后来的麦地那）。这一被称为"圣迁"（希吉拉）的事件，正是伊斯兰历的开始。在"圣迁"实施以前，穆罕默德曾先派使者前往叶斯里卜，叶斯里卜的人民道德高尚，他们发誓将担负起保护穆罕默德人身安全的责任。于是迁到叶斯里卜的穆罕默德也十分珍惜叶斯里卜人，尤其是少数派。

自穆罕默德迁居叶斯里卜，宣告了伊斯兰文明诞生的草创期的开始。

池田　在困境中，穆罕默德移居叶斯里卜，他促进人民的融合，从导致对立的部族忠诚心的束缚中把人心解放出来，致力于建设基于伊斯兰教信仰的共同体。

前面我也曾介绍，在释尊的教团中，没有人会因为部族、阶层，是出家弟子或在家信徒的差别而遭到歧视。

在释尊的教导之中有这样的话："勿问出身，而问其行。火实由薪所生。生于卑贱之家者，如能似圣者道心坚固、慎而知耻，即为高贵之人。"正如这句话所集中体现的那样，释尊的教团就是没有出身与地位的隔膜，是志同道合努力实践的人民构成的平等的群体。

据说伊斯兰教没有神职人员，是吗？

瓦希德　是的。《古兰经》这样阐述对有同样信仰之人不可区别对待的事："信仰安拉及其使徒、在他们（即众多使徒）之间全然不加区别的人，我们必定给他相应的报偿。真主是至赦的，是至慈的。"（《古兰经》（上），井筒俊彦译，岩波书店）

据说"希吉拉"（圣迁）之后在叶斯里卜与信徒开始新生活的穆罕默德还有这样有趣的轶事——

穆罕默德移居叶斯里卜后做的第一件事就是建造清真寺。在名为"那巴威清真寺"（先知寺）的地方，至今仍有很多来自世界各地的穆斯林，据说在开始建造清真寺时，穆罕默德还与弟子们一起搬运砖坯。对众多信徒而言，穆罕默德是怎样的存在？《古兰经》中有这样一段描写：

现在，从你们中间选出的使徒被派到你们这里来了，他见到你们处于困境便生烦恼痛惜之心，他为你们着想，他对一切有信仰之人都满怀和善与慈悲。

此外，在信仰方面，《古兰经》还记载说：

你们（穆斯林）是迄今为止为人类而产生的群体中最好的一群，你们劝人行义，又止人作恶，你们信仰安拉。

池田　在这个意义上，在伊斯兰教与佛教这两大世界宗教的原点中，都有着"苦于他者之苦"和"普度众生的崇高精神"。

我讲几则关于释尊的逸话。

有个病人遭大家遗弃，孤独而痛苦。释尊来探望这位男子，抚摸并清洗了他污秽的身体，还为他换了干净的床铺。人们不解"佛为何连这些都做"，而释尊说："如欲事佛，不如照看病人。"（《大正新修大藏经22·律部一》，大正一切经刊行会，引用《释迦牟尼Ⅰ》）释尊与弟子们一开始就与社会上最贫困的人穿同样的衣服。一度，释尊的十大弟子① 中有一个盲

① 释尊十大弟子：释尊弟子中具代表性的 10 个人。他们各有其德性，帮助释尊弘教。阿那律（失去视力但因修行得天眼，能看见宇宙一切世界，天眼第一）；舍利弗（智慧第一）；摩诃迦叶（因除心身贪欲等修行而成头陀第一，释尊逝世后举行第一次佛经结集）；阿难陀

人，他想缝补破旧的衣衫却无法穿针引线，这时来到他的身边帮他的正是师父释尊。据说，释尊当时说，（让我通过帮助信佛的人）"来积累我的福运吧。"（《大正新修大藏经2·阿含部下》，大正一切经刊行会，增谷文雄《释迦牟尼的徒弟》，社会思想社）这说明了，即使是佛，在救助他人、积累福运的实践上是没有止境的。

释尊始终为了拯救痛苦之人而率先行动，例如他曾鼓励因丧爱子陷于悲苦深渊的妇女克服痛苦等。佛教认为："一切众生受异苦，悉是如来一人苦。"（《大正新修大藏经12·宝积部下、涅盘部全》，大正新修大藏经刊行会）以他人之苦为自己之苦的"同苦"正是佛教的基本精神。

正因为如此，释尊教导弟子们要为了众人的幸福与利益融入到众人中间。基于佛教教义，不轻视他者生命，贯彻始终把拯救众人之苦作为首要任务而身体力行的人就叫作"菩萨"①。

在"菩萨"的誓愿中，具代表性的有四个誓愿，称"四弘誓愿"：

――――――――

（侍奉释尊听闻诸法，多闻第一）；须菩提（因深悟佛法所说之"空"是为解空第一）；富楼那（说法第一）；目连（神通第一）；迦旃延（善于言论，议论第一）；优波离（奴隶阶级出身，持律第一）；罗睺罗（释尊之子，谨守戒律贯彻修行，密行第一）。

① 菩萨：梵语"bodhisattva"的音译词"菩堤萨捶"的简称。菩提为"领悟"，萨埵为"有情""生物"之意。在大乘佛教中，指为了追求自我成佛和救济一切众生而修行的人。

一、发弘愿把一切众生从苦恼中拯救出来（"众生无边誓愿度"）。这里包括使所有的人都通往佛之生命的宗教性使命，也包括为当地社会的繁荣与和平作出贡献的社会性使命。

二、发弘愿斩断一切烦恼（烦恼无量誓愿断）。就是超越自己一切的恶心，把它变为救助大众的善心。

三、发弘愿学习佛的所有教导（法门无尽誓愿知）。用现代的话说，不仅要学习佛教，而且要决心学习所有学术、哲学、宗教等人类睿智的遗产。

四、发弘愿自己也要达到佛所悟到的境界（佛道无上誓愿成）。就是在救助他人的实践中，强化自己的善心，开启佛的生命。

今天，我们 SGI（国际创价学会）就是秉承这一"菩萨道"，开展和平、文化和教育运动。

把释尊的这种"慈悲"和"非暴力"的教诲传承到 20 世纪的人物，还要提到圣雄甘地。

听说瓦希德博士也是非常景仰甘地是吧。

瓦希德　是的。甘地徒步行走的形象是非常著名的。我曾去过印度的甘地墓，那是德里的罗赫迦特（Raj Ghat），被暗杀的甘地就是在这里火葬的。据说火葬当时有数十万民众赶来。

从那里回来的途中，我对我的女儿燕妮说道："甘地的影响那么大，在他去世的当天，竟有那么多人自发地赶来向他表达敬意。你想一想先知穆罕默德每天有 8 亿信徒唱念其名。这就是精神的力量啊!"

池田　我也曾去罗赫迦特向甘地碑献花。在第二次参访时（1979），我在芳名录上这样写道:

> 国父长眠此地,
> 民众争相参诣。
> 父子永享安乐!
> 我自心中默祈。

圣雄甘地认为,穆罕默德、释尊和基督是以各自的方法进行斗争的"和平战士"。（《太阳神子民》,收录于《我的非暴力》1,森本达雄译,密斯兹书房）

如果多少谈谈甘地与释尊的关联,可以看甘地在信中写下的这样的话:"我了解到佛陀的教海,看到了非暴力的无限可能性。"（拉加班·艾亚《圣雄甘地的道德性、政治性思想》,牛津大学出版局）甘地还对日莲大圣人的哲学与人生寄予了深切的关注,他把"南无妙法莲华经"这一佛法的题目,融进了他每天的祈祷之中。

从这些事情当中,可以看到甘地对不同的宗教都有一种非常博大的精神。

瓦希德　是的。甘地也是一位致力于促进宗教间对话的人。我虽然是伊斯兰教徒,但也是甘地主义者,或者说,我信奉甘地的哲学。

伊斯兰教能带来安宁。

而甘地强调："正如暴力乃是禽兽之法，非暴力则是人类之法。"（《年轻印度》1920年8月11日，收录于《我的非暴力》1）在非暴力哲学之中，正蕴含着人类共有的精神。

池田　完全赞同。

宗教要如何以各自的教义为信条去为和平、为民众、为社会作出贡献呢？基于人本主义的行动在今日才是最为重要的。

据说，80岁的释尊向要征服别国的某大国的大臣讲决定国家盛衰的道理，让他放弃了发动侵略战争的想法，最后阻止了这场战争。

有一位国王这样称赞释尊："我们用武器都不能降伏的人，你却不用武器便降伏了他。"（《南传大藏经》11（上），大正新修大藏经刊行会，社会思想社）

对话与言论正是非暴力之道。

您也作为伟大的言论斗士而付诸了行动。

瓦希德　那不敢当。我抵抗独裁政治，鼓起勇气用笔来书写正义，这是因为我受到了祖父和父亲教育，而他们身上散发出的确不辱巴山甸伊斯兰领袖之名的那种正直。

正直虽然是相对的，但关键是要看对待什么事情正直。也未必是故意为之，我即使想去撒谎，也做不到。要撒谎，反而需要很大的勇气。

池田　把对话与言论这种非暴力之道坚持走下去，才是真正的勇气。非暴力之道才是勇者之道。

二次大战结束后不久，甘地就论述过以非暴力为根本的国家实例阿育王① 治下的古国（《我的非暴力》2，森本达雄译，密斯兹书房）。

公元前3世纪，印度大帝国孔雀王朝② 的阿育王皈依佛教，他表示不是武力的胜利而是法的胜利才是最高的胜利。他放弃了战争，为民众从事了很多救济事业。他不仅在自己国家，还在邻近各国建造医院，做了很多事情。阿育王在诏书中写道："无论我在何处，都将为人民的利益而尽力。"（《中村元选集6·印度史Ⅱ》，春秋社）

这段话与身为哲人政治家的您的信条也是相通的吧？

瓦希德　对我来说，政治就是为了大众的利益而努力工作。

池田　阿育王的诏书还写道："我愿所有宗教的信奉者皆可住在任何地方。"（同前）这也与瓦希德博士的宽容精神是相通的。

阿育王具有基于佛教的宽容精神，他保障各宗教的自由，包容不同的民族，致力于精神文化的振兴。他派遣和平使者前往马其顿、叙利亚与埃及等西方各国，促进世界性的思想与文

① 　阿育（Ashoka）王：生殁年不详。统一古印度的第一个王朝孔雀王朝第三代君主。据传约公元前268 年至前232 年在位。起初为残忍的暴君，皈依佛教后，不使用武力而施行"法"治。

② 　孔雀王朝：约公元前317—前180 年，印度古国，以最先统一印度的王朝而闻名。建立者为旃陀罗笈多（月护王），第三代阿育王时代最为兴盛。

化交流。他也与希腊的国王们进行了交流，重视希腊文化。因此有人由此指出，犹太教、早期基督教当中都看到佛教的影响。

"不存在比为了实现全世界人的利益更加崇高的事业。"这也是阿育王诏书中的话。（《中村元选集6·印度史Ⅱ》，春秋社）约2世纪贵霜王朝（Kushan Empire）的迦腻色伽一世①继承了阿育王这种基于佛教的宽容精神。

这个贵霜王朝统治了包括印度、伊朗及中亚在内的广大区域。它坚持信仰自由，促进了东方与西方各民族的交流并使之融合。在如此富于多样性与国际性的区域，大乘佛教②得到了发展，"大乘"是指佛教回归释尊的精神，一个可以拯救所有人的"巨大交通工具"的意思。迦腻色伽一世的精神导师、大乘佛教的诗人马鸣③弘法时说："汝应于一切众生常念行慈悲，不念行瞋恚或恼害"，"汝应执此教法之明炬以示众生"。

---

① 迦腻色伽一世（Kanishka Ⅰ）：据称为2世纪中叶即位的贵霜帝国第三代君王。保护佛教并促进各宗教的共存，构筑了富于多样性的王朝鼎盛时期。

② 大乘佛教：公元前后兴起于印度的改革派佛教。批判从前以出家人为中心的佛教，为了让一切众生皆能成佛而传播利人菩萨道。所谓大乘，是指"大交通工具"之意。

③ 马鸣：约2世纪时的大乘佛教论师，中印度人，也是梵文文学史上的重要诗人、文学家。皈依佛教后，他不仅发挥了智慧，也发挥了在诗和音乐等艺术方面的创意，广泛弘扬佛教，深受民众尊敬。被尊称为"功德日"，意指他是"如太阳般的有德之人"。代表作有称赞释尊一生的《佛所行赞》、描写释尊异母弟弟青年难陀的《美难陀传》等。

（金仓圆照《马鸣研究》，平乐寺书店）大乘佛教后来传播到亚洲各国，包括中国和日本。在这个时代，还出现了一股伟大的知识潮流。由于希腊文化与印度文化的融合，发展出了新的哲学、天文学和医学等学术与艺术，最显著的例子就是出现了健驮逻艺术[①]。

其后，自 5 世纪至 12 世纪，印度著名的那烂陀寺成为佛教教学的中心而繁荣起来，其规模达数千人，学风浓厚，每天有 100 场以上的讲座。历尽艰险的中国僧玄奘[②] 和义净也曾在这里学习，这是人所熟知的。

优异的印刷文化是良好社会的创造力

瓦希德　此前我们曾谈过，我国与那烂陀寺有过交流，义净也曾到过印尼，而且健驮逻艺术曾传入我国的史实也得到了确认。

---

① 健驮逻（Gandhara）艺术：健驮逻是今日巴基斯坦北部白沙瓦的古地名。健驮逻艺术以该地为中心，自公元前后几个世纪间，因佛教与希腊文化融合而创造出的佛教艺术。尤以贵霜帝国的迦腻色伽一世以此地为首都的时代有极大发展。其艺术的传播，影响了中国和日本文化。

② 玄奘（602—664）：唐代佛教人士、旅行者、翻译家。629 年从长安出发，经西域在印度那烂陀寺等处学习。获得许多佛教经典后，再沿陆路于 645 年归国，尔后从事经典的翻译。其著作《大唐西域记》是珍贵的史料，也是小说《西游记》的素材。

伊斯兰具有以开阔的胸襟吸收世界各民族优秀知识的历史，而且伊斯兰文明是在不仅包括伊斯兰教徒，而且还有犹太教、基督教、印度教、中国思想等不同宗教与思想的信奉者所构成的多样性社会中创造出来的。

例如广为人知的是，阿拔斯王朝①第五代哈里发哈伦·拉希德②，以保护和奖励各种学问，奠定了伊斯兰文化繁荣的基础。这位君主在巴格达还修建了名为"希萨那德·阿尔希库马"（智慧宝库）的图书馆，他的儿子马蒙③后来又对它进行了扩充，并发展为名叫"巴尔特·阿尔希库马"（智慧宫）的学院。据说这个图书馆是当时世界上规模最大的图书馆，并成了全面推进将各个学术领域的希腊文、叙利亚文的文献翻译为阿拉伯文的事业基地。通过约从9世纪初开始的这一翻译事业而获得的众多知识，以阿拉伯语的形式为伊斯兰世界的知识阶层广为共享，并不断与伊斯兰丰富的智慧相互促进，构建成了

① 阿拔斯王朝：伊斯兰王朝（750—1258）。版图从北非至中亚，首都巴格达被誉为"平安之都"。设有大学、图书馆、天文台等学术设施，成为文化兴隆的中心。

② 哈伦·拉希德（Harun al-Rashid，约763—1809）：阿拔斯王朝全盛期的第5代哈里发（786—809在位）。保护并促进学术、艺术发展，使伊斯兰文化极为兴隆。也作为故事集《一千零一夜》中的登场人物而闻名。

③ 马蒙（AI-Ma'mun，786—833）：阿拔斯王朝第7任哈里发（813—833在位）。第5任哈里发哈伦·拉希德的长子。致力于维持国内安定，在巴格达设立"智慧宫"，推进希腊文献等大批文献的翻译，对发展学问有所贡献。

新的综合性的知识体系。

池田　这段历史非常重要。当时被称为"平安之都"的巴格达，出版文化得到了显著的发展。

据说10世纪经营书店的著名的伊本·奈迪姆① 所出版的图书目录中，不仅有伊斯兰教的书籍，还有关于佛教、犹太教、基督教、中国思想等方面的书籍，以及世界的哲学、文学、历史、科学等领域非常广泛的著作。

阿拔斯王朝的代表性诗人穆太奈比（Al-Mutanabbi，915—965），曾歌颂"现在，最佳的谈话对象是书籍"（伊本·欧蒂塔卡《阿尔法利 1——伊斯兰君主论与诸王朝史》，池田修、冈本久美子译，平凡社），赞扬书本的价值。

保护并培育优异的印刷文化，将成为使人性更加丰富、把社会朝着更好方向加以造就的土壤。

瓦希德　这是一个非常重要的题目。我始终认为，为了不使印刷文化衰退，就必须创造一个让更多的人可以得到好书的环境。

我们的文明能够前进，就是因为很好地利用了活字文化。活字文化不仅包含了想法与情感，而且能把它们长期保存下

---

① 伊本·奈迪姆（Ibn al-Nadim：936—995 或 998）：巴格达书商。约至988 年（有多种说法）前出版阿拉伯书籍总目录《书目》闻名。其中不但有伊斯兰，还有犹太教、基督教、佛教、印度教、摩尼教和中国思想等各种哲学、宗教的文献，乃至文学、历史、科学等所有领域的文献，更有他本人的注释等。

来，让人反复阅读。也就是说，它有永续性。

我自己在丧失视力之后仍然通过各种方法接触书籍，也努力去理解各种书籍的内容。

现在回想起来，我小时候常骑着自行车去图书馆，但现在那里已被大商城所取代了。

日本各个地方都有公立图书馆，大家可以免费借阅，可以说条件很好。在印尼书籍仍然很昂贵，所以我认为，首先为了让书本的价格不至于过高，政府应当全额免除书籍的税金，或者采取减税的措施。同时，我强烈企盼政府能够大力增设图书馆和开设租书店，为提高大家的阅读兴趣创造良好的环境。

池田　日本在很长的一段时间里书也是很贵的。

战争期间，我也曾把宝贵的藏书搬进防空洞，把它们保护起来。到了战后，我还是买不起新书，只好专逛位于东京神田的日本最大的古旧书店街。一旦看到特别想要的书，就节衣缩食地省下书钱，然后飞奔到书店，看到我要的书还没有被人买走先松一口气（笑），买到后抱着书再往回家的路上赶。

现在，电视等影像越来越普及，计算机也在不断进步并得到广泛使用；另一方面，"不看活字的"现实非常严峻。我的美国友人世界级的经济学家梭罗① 对此非常忧虑，他说：只

---

① 梭罗（Lester CarL Thurow）：1938 年生，美国经济学家。蒙大拿州出身。麻省理工学院教授，牛津大学硕士，哈佛大学经济学博士。其著作《零和社会》《资本主义的未来》等为全球畅销书。1999 年曾与池田 SGI 会长两度会晤。

靠影像，"人们就只能产生视觉性的和情绪性的反应"。

瓦希德　虽然现在有很多人切换到使用计算机方面去了，但我觉得再过一段时间，"阅读文化"与"互联网文化"将重新恢复平衡。这一点非常重要。

在我想给年轻人推荐的印尼文学中，有一本作家卢比斯写得非常精彩的《无尽头的路》，还有大文豪普拉姆迪亚《人世间》《众邦之子》《足迹》《玻璃屋》等作品。与普拉姆迪亚齐名的印尼文学家还有阿赫马·多哈里（Ahmad Tohari），我认为《爪哇舞妓》三部曲是他文学作品中的最高杰作。

让人获益的好书实在是太多了！

池田　所言极是！

书是教育的资粮。伊斯兰文明在教育上也刻下了重要的足迹。

在阿拔斯朝的巴格达这一知识的摇篮，曾有过什么样的教育和学术呢？

瓦希德　负责教育的是清真寺所属的"马德拉萨"（伊斯兰学校）① 这一高等教育机构，那里除了教授《古兰经》以外，

---

① 　马德拉萨（伊斯兰学校，Madrasah）：阿拉伯语，意指学校和学习的场所，是培养"阿訇"的高等教育机关。最早于 10 世纪创立于伊朗，自 11 世纪扩展至整个伊斯兰世界。清真寺或附属于清真寺的设施为教育场所。除伊斯兰法、古兰法、圣训、阿拉伯语学外，各种学问也纳入教育题材。历史上著名的伊斯兰学校，是 1067 年在巴格达创立的尼采米亚学院（Nizamiyyah），规模逾千人。此外，1234 年同样创办于巴格达的穆斯坛绥尔经学院也十分著名。

也教授各种学问。在那里，老师坐在椅子上，学生们围着老师坐在地板上听讲。历史上好像有过这样的情景。

11世纪，一所著名的"马德拉萨"尼扎米亚学院在巴格达设立。而13世纪创设的穆斯坛绥尔经学院的建筑一直保存至今。我曾留学的开罗艾资哈尔大学，则比这两所学校更早，它是10世纪创办的"马德拉萨"（伊斯兰学校），历史非常久远。

当时，亚里士多德①与柏拉图②的哲学书、希波克拉底③的医学书等各方面的文献都被翻译过来，以这些翻译文献为资粮，涌现了很多独创性地开展学术研究的人物，例如，著有

---

① 亚里士多德（Aristotle，公元前384—前322）：古希腊哲学家。就学于雅典学院时深受该学园创办人柏拉图的启发，发展出独自的思想。曾任马其顿年轻的亚历山大大帝的家庭教师，之后回到雅典开办吕克昂学园（Lyceum）从事教育与研究。其探究是多方面的，被誉为"万学之祖"。在伊斯兰世界被称为"第一师"。以《形而上学》与《伦理学》等诸多著作被译为阿拉伯文，对伊斯兰哲学的产生了重要影响。

② 柏拉图（Plato，公元前428或427—前347）：古希腊哲学家，生于雅典名门贵族家庭，曾立志成为政治家。结识苏格拉底后至公元前399年苏格拉底去世前，一直跟随他研究哲学。40岁在雅典郊外创办"阿加德米"学园，专注于从事教育和著作。著作多为与苏格拉底就各主题对谈的对话录。柏拉图哲学带给欧洲及伊斯兰世界莫大影响。代表作有《申辩篇》《斐多篇》《理想国》《蒂迈欧篇》。

③ 希波克拉底（Hippocrates，约公元前460—前375）：被誉为"医学之父"的古希腊医学家。出生于爱琴海的科斯岛，据说集希波克拉底与当时医学论的《希波克拉底全集》为古代医学书，极负盛名。尤以关于医师的伦理和道德的论述《希波克拉底誓言》，仍闻名至今。

《论理智》的肯迪①、伊斯兰世界研究哲学的先驱法拉比② 等，都是代表性的人物。再稍晚的时期，还有甚至闻名于中世纪欧洲的伊本·西拿、伊本·路世德③ 等。此外，还涌现出确立了使用阿拉伯数字的计算法的花剌子模④、解开了眼睛结构之谜

① 肯迪（Al-Kindi，约 801—866）：被认为是伊斯兰世界最早的哲学家。在为数众多的波斯人等非阿拉伯语系哲学家中被称为"阿拉伯的哲学家"。也参与在阿拔斯王朝哈里发马蒙所支持、以"智慧宫"为主从事希腊文翻译成阿拉伯文的工作。其代表作有《论第一哲学》《定义集》《关于神的唯一性与宇宙物体的有限性》等。

② 法拉比（Al-Farabi，约 870—950）：中世伊斯兰哲学家。出生于中亚法拉布地方讹答剌。在君士坦丁堡学习哲学后，于巴格达专心从事教育和著作。综合新柏拉图主义和亚里士多德哲学，奠定了伊斯兰世界哲学研究的基础。在伊斯兰世界，亚里士多德是"第一导师"，法拉比被称为"第二导师"。其著作不局限于哲学、逻辑学领域，也及于天文学、政治学和音乐领域。代表作有《美德城居民阶层分析》《幸福之道》《宗教书》等。

③ 伊本·路世德（Ibn Rushd，1126—1198）：出生于西班牙哥多华的伊斯兰哲学家，在西方世界以拉丁名"阿威罗伊"（Averroes）驰名。其最大成就是对亚里士多德的著作提出注释。由此，不仅对伊斯兰世界也对西方世界产生极大影响。在中世纪欧洲，"哲学家"指的是亚里士多德，"注释家"就是指伊本·路世德。除亚里士多德的注释以外的哲学书著作，可以举出安萨里（Algazel）批判伊本·西拿哲学的批判书《哲学家的矛盾》。

④ 花剌子模（Al-Khwarizmi）：活跃于约 9 世纪前半叶的伊斯兰数学家、天文学家、地理学家。中亚花剌子模出身，在阿巴斯王朝哈里发马蒙手下工作。最早使用源自印度的"0"（零）。以印度数字为基础，确立阿拉伯数字及计算方法。著有关于阿拉伯代数的《代数学》。其著作令欧洲人认识代数（Kitab al-Jabr wa-l-Muqabala），成为阿拉伯数学流传的重要原因。

的伊本·海赛姆① 等对数学和科学的发展作出贡献的学者。结果是，9 世纪至 13 世纪，伊斯兰世界成为文化与科学的摇篮，不久，它累积的知识财产被带入欧洲，成为 14 世纪以后"文艺复兴"的基础。但这段史实不太为人所熟知。

池田　的确如此。伊斯兰宏大的翻译运动、科学与文化，奠定了欧洲文艺复兴发展的重要基础。

刚才提到，许多知识由外文被译成阿拉伯文而进入到了伊斯兰世界这一历史话题。在佛教史上，也曾大规模地开展过佛经的汉译运动。

释尊多年的教诲汇聚为庞大的经典，这些经典自印度经由中亚的丝绸之路在公元前后传到中国。当时中国非常认真开展了翻译大量佛经的工作；经典汉译的一位代表人物就是佛僧鸠摩罗什②。

瓦希德　鸠摩罗什翻译了哪些经典？

池田　最著名的是《妙法莲华经》8 卷（也称《法华

---

① 伊本·海赛姆（Ibn al-Haytharn，965—1039）：阿拉伯科学家。伊斯兰中世的物理学家。其著作《光学之书》尤其闻名。除解析眼睛的结构外还有各种光学问题的相关研究，在 16 世纪前带给欧洲科学界很大的影响。

② 鸠摩罗什（344—413？）：中国佛教人士，将佛经翻译为中文而闻名。出生于中国古龟兹国（现今新疆维吾尔自治区库车地方）。父亲是印度贵族后裔，母亲为龟兹国王之妹。7 岁时与母亲一起出家，各国学习佛教，在祖国弘扬大乘佛教。401 年进入长安，将《妙法莲华经》等诸多佛经译成中文。

经》)，还有《维摩经》3 卷、《大品般若经》27 卷、《大智度论》百卷、《中论》4 卷等。

在中国首都长安郊外，还设有翻译佛经的国立学校。据说公元 401 年来到长安的鸠摩罗什，就在那所国立学校与弟子们一起翻译佛经。

在后来的唐代，以这些经典的汉译工作为基础，佛教从皇家广泛地流传到民间，为中国思想以及政治、科学、文学、艺术等各个领域都带来启发。

另外，这个时代包容众多的民族、文化与宗教，形成了运用不同文化的风气，一种"开放的文明"得以繁荣。当时出现了各种各样的发明。众所周知，其中的造纸术和印刷术不断发展，对世界产生巨大影响。

长安等各地也设有印刷作坊，出版农业和医药方面的书籍，也出版佛经。在此情况下，中国的儒教、道教①和佛教的思想融合不断加深，形成了东亚文化的基础。

我在这里想说的是，在唐代佛教流传以前，天台大师(智口)②就在佛教史上发挥了非常重要的作用。很多佛经被译

---

① 道教：据传以中国古代传奇性的思想家老子（战国时代，推测约公元前 403—前 221）为始祖的中国传统宗教。

② 天台大师（智口）（538—597）：中国佛教人士。一切经典中以《法华经》为第一，进行教相判释，借由著作《法华文句》《法华玄义》《摩诃止观》此法华三大部，将《法华经》的理论和实践体系化。特别是在其最高法门的一念三千法门，教示一切众生皆能成佛的理论根据。

成汉语以后，中国就有了对这些经典的比较和价值判断（"教相判释"），产生了天台宗①、华严宗②、三论宗③、禅宗④ 等佛教宗派，进而逐步形成中国佛教。其中很多也流传到日本和朝鲜半岛。

把《法华经》作为中心的天台大师在中国佛教中发挥了先驱作用。他整合了佛教思想，在众多佛经中以《法华经》为第一，以《法华经》核心确立了"一念三千"的法理。简单地说，这个法门阐明了"众人生命之内，皆有遵循宇宙根源之法的佛性，每一瞬间的生命（一念）都包含宇宙（森罗三千），它们与宇宙是不二的关系。"

这里提出了在无法避免生老病死的现实世界中一切众生都能平等地获得"佛"这一伟大境界的理论根据。

《法华经》与天台大师的法门，由日本的传教大师（最澄）⑤ 继承，进而由我们所信奉的日莲大圣人深化，并作为民

① 天台宗：以中国天台大师为开山始祖，以《法华经》为根本的大乘佛教宗派。

② 华严宗：以佛教经典《华严经》为依经的宗派。

③ 三论宗：以印度大乘佛教论师龙树所著《中论》《十二门论》及徒弟提婆所著《百论》合称为三论，以此为教义的宗派。

④ 禅宗：欲借由禅定观法悟达的宗派。

⑤ 传教大师（最澄）（767—822）：平安时代初期，日本天台宗的开创者，他将《法华经》理论和实践体系化，从青年时期起学习中国天台大师"一切经以《法华经》为第一"的教示。为深造前往唐土，在天台山等地受教，805 年回国创设日本天台宗。借由当时佛教诸派的论争等机会，广泛宣扬了《法华经》的要义。

众佛法得到了确立。

也就是说，日莲大圣人把释尊之所悟、《法华经》之真髓、天台大师法门之核心的"宇宙根源之法"概括为"南无妙法莲华经"，并阐明了使所有人从内在于自己生命的佛性之中发现慈悲与智慧的具体途径。我们的运动就是通过信仰实践，在对自己进行"人间革命"的同时变革社会，使它迈向和平与繁荣。

我们把将佛教带到日本的印度、中国、韩国等国家看作"文化大恩之国"，以报恩之心与这些国家开展了持续的交流。不忘曾受其文化之恩，不忘彼此交流的历史，这也是彼此尊重、推进文明间对话的关键吧。

在这个意义上，我们也绝不能忘记伊斯兰文明带给世界的医学恩惠。

医学与宗教的使命感

瓦希德 在伊斯兰文明中，医学和医疗的发展是极为重要的历史。

据说，从大约 9 世纪起，医院就在巴格达等各地开设，不论民族与宗教，人们都能免费接受治疗。而且，当时已经形成了应对各种疾病的综合性医疗设施，也实现了医疗工具和麻醉技术的发展。

这些医疗也是以伊斯兰信仰为支柱的，这从世界著名的

11世纪医学家伊本·西拿的信条中便可得知。伊本·西拿的
《医典》一书此后成为了几个世纪欧洲医学的基础。

池田　这是一段崇高的史实。从历史就可以看出，宗教
的教诲和使命感也是医学发展的一个原动力。

佛法也给予了医学以最大的尊重。名医耆婆① 是释尊的侍
医，据说曾经为了治疗肠梗阻进行过开腹手术，还做过治疗脑
肿瘤的开颅手术，似乎很早就做过全身麻醉。因为他治疗过许
多疑难杂症，所以被誉为"医王"。"耆婆"这个名字是梵文
"生机勃勃""给予生命"的意思。强化人的生命力，给予人蓬
勃的活力，延长寿命——医生的这些作用是崇高而深厚的。

佛教说，慈悲就是"拔苦予乐"。

7世纪中国唐朝的医学家孙思邈② 非常重视佛教的慈悲，从
不间断地呼吁要超越地位、贫富、年龄、敌我、民族等差异，
把病人之苦当作自己之苦，拯救一切众生的痛苦。（景嘉、马晋
三监修《备急千金要方日文版》上，每日新闻开发株式会社）

生命的尊严不分国界，没有差别。医学拯救尊贵的生命，
所以它的确是一种"圣业"。

---

①　耆婆：释尊在世时的印度名医，曾医治难病，被誉为医王，皈依佛
　　教甚为虔诚。曾任位于中印度的摩揭陀国阿阇世王的大臣，对犯下
　　杀父恶行的阿阇世王予以劝谏，在国王重病时使其改过向善，皈依
　　佛教。

②　孙思邈：卒于682年，中国隋、唐时代医学家。出生于现今陕西省。
　　从青年时代起就学习老庄等中国思想，也喜读佛经。著有《千金要
　　方》等书。

在我印象中，开辟贵国近代史的领袖们很多也是学医的吧？

瓦希德　您是指印尼大学的渊源是一所医学校吧。

如您所知，1849 年这所学校决定创办时是爪哇医师学校，后来发展成为东印度医师养成学校（STOVIA），这所学校培养了很多近代印尼的领导人和学者。

在殖民地时期，我国民族主义的先驱性组织"至善社"（Budi Utomo）的领袖苏多摩，也是东印度医师养成学校毕业后当了医师的。身为医生的苏多摩把民众的苦恼铭刻于心，时常免费给他们治疗，并投身到民族主义运动之中。

普拉姆迪亚曾指出："在亚洲，促发人们觉醒的推动力量，是医生。"就是说医生往往有一种"必须治愈病态社会和生活的自觉"（《普拉姆迪Ⅲ选集 7·玻璃屋》，押川典昭译，湄公），这种意识使他们挺身而出。近代中国的领导人孙文①、菲律宾独立运动领导人黎刹②都是学医的。

----

①　孙文（1866—1925）：近代中国革命家。出生于广东省，在香港等地习医，于澳门和广州执业，同时投入反清运动和革命运动。因辛亥革命，就任 1912 年建立的中华民国临时大总统。尔后将政权让予袁世凯，但反对其独裁化。在创设中国国民党等新革命运动中逝世。代表作有《三民主义》。

②　黎刹（Jose Rizal，1861—1896）：菲律宾独立领袖、民族英雄、医师。留学西班牙的大学攻读医学和人文学。对西班牙高压统治菲律宾展开批判。归国后成立菲律宾民族同盟被捕并流放至民答那峨岛。在流放地致力于写作、医疗、教育及地方振兴。菲律宾发生革

池田　是啊。"必须治愈病态社会与生活",这是一句具有崇高使命感的感人话语。治愈疾病,恢复健康的生活,创造健全而幸福的社会,这可以说是超越一切差异的人类普遍愿望。这里就存在着宽容的基础。

在宽容这一点上,如果我们重新回顾伊斯兰教与其他宗教共存的历史,会发现曾有过针对非伊斯兰教徒只要缴税就承认其自治权的"齐米"(Dhimmi 保护民)制度,在奥斯曼帝国治下还有过承认非伊斯兰教的少数派自治权的"米利特"制度(Millet)。

以现代的观点来看,您如何评价这些制度的意义呢?

关于"文明冲突"论

瓦希德　从穆罕默德时代起就确立了这样一种习惯,对于"启典之民"(Ahlal-kitab)的基督徒与犹太教徒,只要他们不攻击伊斯兰教而且缴纳"吉兹亚"(人头税),就会把他们视为"齐米"而保障他们维持信仰以及他们的生命财产安全。后来,在伊斯兰教支配的地区不断扩大的过程中,对佛教徒等信仰其他宗教的人也逐渐适用这一制度。但也有少数例外,也有在某些地区实行专制的时候会以脱离这一原则的形式对其他

命时,被以煽动者的冤罪处死。著有《别碰我》《叛逆、暴力、革命》等。

宗教的教徒进行压迫与镇压的情况。

"齐米"制度以现代的标准看可能有各种评价，但还是适合当时的社会情况的。我认为与其探讨制度的好坏，重要的是从这一制度背后涌动着的共存的意志中学习建设多宗教与多民族社会的志向和宽容的观点。

池田　是啊。差异的丰富性——即文化与文明的多样性才使不同文化相互影响，经常为社会带来新的气息，并逐渐成为了创造新时代的原动力。

5 年前（2004）发表的题为《在此多样的世界中保持文化的自由》的联合国报告书这样写道："近来为了煽动对文明冲突的恐惧所采取的强硬路线，尤其反映了对世界史的无知。""一个文明之中的传统多样性事实上被忽视了，为了使西洋文明的独特性这一偏狭的观念更具可信性，过去数千年间在科学、技术、数学、文学等方面以全球规模相互给予重大影响的事实遭到了抹杀。"（横田洋三、秋月弘子监修，UNDP《人类开发报告书 2004》，国际协力出版会）

我们有必要正确认识这一现实。

瓦希德　以前（1994 年 11 月），我到东京出席国际研讨会时，曾见到《文明的冲突》的作者亨廷顿①，并与他进行了交谈。

---

①　亨廷顿（Samuel Phillips Huntington，1927—2008）：美国政治学家，出生于纽约，耶鲁大学毕业。1950 年出任哈佛大学讲师，在哈佛执教逾 50 年。1993 年发表《文明的冲突》，受到世界瞩目。

亨廷顿表达了这样的认识："在冷战后的世界，'我们是谁?'这个问题越来越要从价值观和习惯等文明中去寻求答案"，"今后危险的对立将因文化的对立产生。战后，欧洲最大的分水岭是铁幕；而现在，则是西方的基督教和伊斯兰教。"（《读卖新闻》东京晚报 1994 年 11 月 14 日）

对这一见解，我在研讨会上表示："文明与文明间的差异本来并不是'是否冲突'的问题。""不是生活方式的不同成为冲突的原因，而是政治和经济上的利益充当了冲突的导火索。问题是在一个文明要将自己的价值观强加给其他文明时产生的，当然这种尝试是不可能成功的。"（《读卖新闻》东京晚报 1994 年 11 月 14 日）

所以，即使文明不同，也没有冲突的必要；即使冲突发生了，也不是因为差异，无非是由于不理解和偏见。

我回想起亨廷顿在我说这番话时也是一边点头一点倾听的。我们要努力让差异不与冲突联系起来。

重要的是，要尊重差异，要接受作为现实存在的多样性。

古印尼的玛琅王卜拉布·阿基·沙卡曾明确说："期望和平，就要互相尊重。"瓦希德研究所也把发展作为和平之基的多元性作为自己的责任，并确立了"播撒和平而多元的伊斯兰种子"这一宗旨。

池田　完全同意您的见解。亨廷顿发表题为《文明的冲突》一文的同一时期（1993 年 9 月），我受邀在哈佛大学以《21 世纪文明与大乘佛教》为题做了第二次演讲。

　　演讲中，我就亨廷顿把文明间冲突的原因归于宗教表达了不同的立场，我认为克服"对差异的执着"才是一个宗教发展成为世界宗教的跳台，用"开放之心"进行"开放的对话"才是 21 世纪宗教不可或缺的关键。

　　为了探索这种宗教，我创办的美国波士顿国际对话中心（原波士顿 21 世纪中心）出版了《克服憎恨——传统宗教的非暴力挑战》。该书是代表各宗教的学者们就伊斯兰教、佛教、基督教等世界八大传统宗教的和平思想所做的论述，1998 年出版以来被美国多所大学作为教材采用。

　　在斯坦福大学，把《克服憎恨》一书作为教材的麦克伦南① 博士强调："正如人是兼具善恶两性的存在，宗教也会有两个方面，有被政治和意识形态利用、排斥其他民族和文化等遭到恶用的一面。正因为如此，我认为必须把眼光放在培育和谐、启发未来愿景等宗教的'善的一面'。"

　　刚才提到的联合国报告书也发出了警告：不能把世界上蔓延着憎恨与不宽容的原因直接与特定的民族和宗教相联系。从这个意义上，不得不说现在给伊斯兰教贴上"暴力宗教"的标签，或称之为"伊斯兰恐惧症"（Islamophobia）的厌恶和恐惧伊斯兰教的现象，是令人遗憾之极且值得忧虑的事情。

---

① 　麦克伦南（William L.McLennan, Jr. 即 Scotty McLennan）：1948 年生于美国伊利诺伊州，为斯坦福大学宗教活动学院院长、斯坦福大学纪念教会牧师、法学博士、律师。曾就读耶鲁大学、哈佛大学，攻读神学和法学等。

在这种情况下，欧盟为了敦促成员国注意不助长对伊斯兰教的偏见，编纂了有关伊斯兰的用语集。例如，禁用那种把伊斯兰教等同于恐怖行动的表达方式；2001 年"9·11"事件发生后，要求不再使用曾在恐怖事件报导中滥用并容易引发误解的"吉哈德"（Jihad，圣战）一词。

瓦希德　我也对此深感忧虑。吉哈德（Jihad）这个词原本是奋斗和努力的意思。穆罕默德所进行的"吉哈德"，无非是为了让人们离开多神教、归于真主所揭示的天理而进行的传教，其本意在于"将安拉的真实传递给他人这一不懈的行动"。离开这一本意，把吉哈德仅仅理解为了保卫宗教的物理的战争和对外战争，是非常危险的。自始至终依照伊斯兰法真诚地行动才是"吉哈德"的根本精神。

伊斯兰绝不是暴力的宗教，它是将其重点置于爱的宗教。《古兰经》中有"对于宗教，绝无强迫"之句（《古兰经》（上），井筒俊彦译，岩波书店），可见它也不是强制性的宗教。运用睿智与出色的讲解来劝他人改变原来的宗教，这在伊斯兰教是一种义务。

池田　正如您一直强调的，本来世界宗教都有和平与人道的教诲，珍视这些教诲正是把"自己的信仰"与"宽容不同宗教信仰者"这两者加以调和的原动力。

瓦希德　正是这样。我一直致力于理解、尊重和团结具有不同宗教和文化背景的人的立场。伊斯兰教师联合会（NU）也积极致力于成为旨在实现和平与共存的印尼社会的楷模。

　　正因为如此，我们从来不曾提出过在印度尼西亚建设伊斯兰国家的目标，这一方针很早就已确立了。1935 年举行的大会就已决议："我们穆斯林对于伊斯兰教的信仰之心非常深厚且有道德之心，因此印度尼西亚作为一个统一国家，没有成为伊斯兰国家的必要。"

　　做优秀的信徒可以成为和平的后盾。那什么是优秀的信徒？我认为，首先要确信自己所信仰的宗教教义乃是真理，而且对于人道主义的内容要有确信之心。

第七章　教育是未来的黄金柱

教育是育人的伟大事业

池田　以永无止境的开拓精神勇往直前的人生是神圣的和令人骄傲的。您作为贵国第一位民选总统开创了伟大的历史，您为了取得民主主义的胜利而战斗至今。在人类史上开辟了新的道路，我想您的内心一直是晴空万里、日光闪耀吧？

您有没有把世界上的某位领导人尊为自己的楷模呢？

瓦希德　历史上，令我感怀最深的领导人是美利坚合众国第三任总统托马斯·杰斐逊①，因为是他教导了美国人民人人皆有"基本权利"即"人权"。

---

① 杰斐逊（Thomas Jefferson，1743—1826）：美国第三任总统。曾参与独立革命，于1774年的大陆议会中负责起草独立宣言。尔后，进入故乡弗吉尼亚州议会，起草宗教自由法案（于1786年成立）。也担任过州长、驻法使节、首任国务卿、副总统及总统。总统任内执行路易斯安那购地案并禁止奴隶买卖，毕生致力于振兴教育，尤其是卸任总统后创办了弗吉尼亚大学（1825年开校）。

池田　哦？其实我自青年时代开始就对这位被誉为"美国民主之父"的杰斐逊非常感兴趣。

如您所说，杰斐逊为"人权"而战。他一生引以为豪的是，起草了《美国独立宣言》①和举世闻名的《弗吉尼亚宗教自由法》②。

日本在第二次世界大战以后才终于通过宪法保障了"宗教信仰自由"。战前在军国主义下，苦于宗教镇压的恩师户田第二任创价学会会长，深刻地领悟了宗教信仰自由的历史意义。我们师徒常常谈论起杰斐逊重视"宗教信仰自由"的理念和他的一生。

瓦希德　提倡"宗教信仰自由"是他的一大功绩。这位美国第三任总统还有一个值得骄傲的伟大功绩，那就是教育。教育才是发展民主的原动力，是确立人权的基础。

池田　正是如此。杰斐逊在人生的晚年时创办了弗吉尼亚大学，这被誉为他人生中特别嘹亮的凯歌。他高声呐喊："我认为，知识和教育的普及是改善人的条件、增进美德、促

---

① 美国独立宣言：美国 13 个英属殖民地宣誓独立的文件。草案系由杰斐逊起草，1776 年 7 月 4 日于大陆议会中通过。宣言主张基本权利及对暴政的革命权，其次列举英王乔治三世的苛政，最后是 13 州的独立宣言。特别是"凡人生而平等"的前言成为美国独立革命的理论根据。至今美国仍于 7 月 4 日举行盛大的纪念庆典。

② 弗吉尼亚宗教自由法：由进入弗吉尼亚州议会的杰斐逊于 1777 年起草的法案，1786 年通过。该法是世界第一部规定政府不得介入宗教的"政教分离"原则的法律。

进幸福的最可靠的手段。"（《杰斐逊的民主主义思想》，富田虎男译，有信堂）

瓦希德　良好的教育才是社会的支柱和世界的希望。

普拉姆迪亚曾写道："什么能使人高尚？无非是良好的教育。良好的教育才是高尚和善行的基础。"（《普拉姆迪亚选集6·足迹》，押川典昭译，湄公）

池田　我深有同感。教育塑造人，人去创造和平、创造文化、创造繁荣。您扩大和发展您的祖父开创的崇高的教育事业，也始终致力于培养人才。

一直以来，我也追随我的先师教育家牧口第一任会长和我的恩师户田第二任会长的理念，把教育作为我总结此生的事业而决意推行之。

我2001年创办的美国创价大学马上将迎来建校十周年。美国创价大学有四项指针：

一、培养"文化主义"的社区领袖。

二、培养"人本主义"的社会领袖。

三、培养"和平主义"的世界领袖。

四、培育促进自然与人共生的领袖。

截止到2009年，已有包括贵国在内的世界40多个国家的才俊在这里学习，已有五届学生毕业，他们开始活跃于各个领域。虽然这所大学的历史还不长，但所幸它作为以"人本主义"为根本的文理学院，被各国教育人士寄予了莫大的期待。

诺贝尔和平奖获得者罗特布拉特博士、贝蒂·威廉斯① 女士，以及前联合国副秘书长乔杜里② 等众多各界领袖，都曾访问该校并为学生演讲或授课。

年轻时就能接触到这些极优秀的人，这是最好的精神滋养。

我们还在美国创价大学迎宾中心前，种下了一棵橄榄树作为对您和尊夫人的感谢，现在它长得非常好！希望它能在将来迎接您全家的到来。

瓦希德 谢谢您的深情厚谊。

美国创价大学提出的四个目标，实在是太好了。

我认为，从大局的观点来看人生目的和教育的关系，其重点在于道德问题与物质问题的平衡。一个人要获得真正的幸福，就必须保持两者的平衡。

教育并不只是为了学习学问，如果教育一味追求学问势必招致混乱。也就是说，教育必须培养对社会有用的人。我想这是我们习经院与创价教育的共同想法。

池田 众所周知，您全身心地致力于完整人格的教育，您为教育奉献的人生将洒满永恒的荣光。

---

① 贝蒂·威廉斯（Betty Williuans）：1943 年生，北爱尔兰和平运动家。1976 年以儿童卷入纷争事件而牺牲的事件为契机，展开寻求和平的连署运动。她还扩大了女性的团结与合作，于 1976 年成为诺贝尔和平奖共同得主。1997 年创办《世界儿童慈爱中心》并出任会长。

② 乔杜里（Anwarul Karim Chowdhury）：1943 年生于孟加拉，前联合国副秘书长。任内曾任安理会主席、联合国儿童基金会执行理事会主席等要职，引导"和平文化宣言及行动计划"的大会决议。

　　您强调的掌握平衡是指什么呢？我想应该是把知识和技能全部用于民众和社会的那种"智慧"。无需赘言，在教育中，知识的学习是很重要的，但是仅靠知识本身是无法产生价值的，因为知识既可恶用亦可善用。我的恩师常说："现代人的一大错觉，就是混淆了知识与智慧。"所谓智慧，在某种意义上，与人的生活方式是表里一体的，与宽容、慈悲等内在品格的外溢是分不开的。教育必须在人的内心中培养"不将自己的幸福建立在他人不幸之上"的那种自律，进而培养"在构筑他人幸福的过程中追求自己的幸福"的目的观、使命感和责任感。

　　我曾把表达我理念的一句话送给创价大学——"磨砺睿智所为者何？诸君，切莫忘之！"

从创办人到后继者——教育的崇高系谱

　　瓦希德　我也常想，一个人对社会的责任须与他所拥有的知识相平衡，我也是这样自我要求的。

　　我的祖父和父亲就是这样，我也始终坚定地贯彻同样的生活态度。我的祖父和父亲都对道德的必要性有高度的自觉。这种人生态度我把它归纳叫作"乡绅"精神（Kyai Kampung）的目标。我说的乡绅就是教导他人如何发展人的道德且以身作则，并以此为己任的"奇阿伊"（伊斯兰领导人）。也就是说，要成为日日以教导应如何发展人的道德性并以身示范为己任的伊斯兰领导者。（印尼文"Kampung"是"村"之意，由此发展为人口密集者为"村落"。"Kyai"是指伊斯兰领导者）我回想起我上习经院时，我祖父的工作和生活总是很有规律，他保持着高尚的情操，并成为人们的榜样。他的人生境界是因为他的高度宽容而达到的。

因此，正如池田先生所说，始终贯彻宽容的生活态度的人绝不会变成丧失道德的人。

池田　您的祖父的确是伟大的教育家。在教育上，成为他人景仰的楷模是何等重要！

多年来，与创价大学保持着密切学术交流的莫斯科大学，也将创办人罗蒙诺索夫①尊崇为伟大的榜样。罗蒙诺索夫曾高唱：

在那里，睿智建立殿堂！无知将会褪色！

真实，将赋予我们胜利。（诗人丛书《罗蒙诺索夫》，苏联作家出版，1954）

这位大科学家为了建立面向民众的大学，受到了傲慢的贵族阶层的压迫。他创办莫斯科大学劳苦功高，却无法出席开学典礼，也未能登上教坛。但是创立者的精神，都被弟子乃至后世严肃地继承下来了。

---

① 罗蒙诺索夫（Mikhail Vasilyevich Lomonosov，1711—1765）：俄国科学家、诗人、人文学家。留学德国后在俄国科学院中，取得物理、化学、天文学领域的诸多成就，主导创办莫斯科大学。

我至今不能忘记莫斯科大学校长萨多夫尼齐①的话："外国来宾经常问我：'为什么贵校用一个从未登上讲坛的人来冠名？'我总是这样回答：'因为我们继承了罗蒙诺索夫的思想。没有什么比思想更有力量。'"（《俄罗斯莫斯科大学、高等教育论文、演讲、访谈 1992 ～ 1998 莫斯科大学记录集》，莫斯科大学出版会，1999）

您的祖父、父亲以及您本人所推崇的理想中的教育家是哪一位呢？

瓦希德　我会提基·沙利诺·曼贡普拉诺托②，我至今仍会常常想起这位令人尊敬的教育家，他曾任我国教育暨文化部长，他曾在"学生公园"学校③的创始人基·哈查尔·德万塔拉的门下学习。

———————————

① 维克多·萨多夫尼奇（Viktor Antonovich Sadovnichiy）：1939 年生，俄罗斯数学家，现任莫斯科大学校长，俄罗斯国家科学研究院院士。他是机械、数学功能理论、功能分析学领域的世界级学者。苏联解体后，以校长身份致力于维持莫斯科大学的学术水准。与池田先生共著对话录《新人类·新世界》《学是光——文明与教育的未来》。

② 基·沙利诺·曼贡普拉诺托（Ki Sarino Mangunpranoto，1910—1983）：印尼教育领袖。曾两度出任教育暨文化部长，作为该国教育之父德万塔拉的门下而为人所知。曾在日惹的"学生公园"学校等就读，后来出任中部爪哇八马冷（Pemalang）"学生公园"学校校长，还致力于开展地方教育活动。

③ "学生公园"学校（Taman Siswa school）：1922 年由德万塔拉创办。"Taman Siswa"为"学生公园"之意。重视基于自己国家历史和文化的完全人格教育，成为对抗殖民地时代教育制度的民族主义教育的象征。目前从幼稚园到大学已有一百多所学校。

正因为有伟大的创始人，他的后继者也非常出色。住在三宝垄（爪哇岛中部北海岸都市）的时候，我曾在研讨会等活动中经常与他见面。从他身上，我学到了"应如何培养良好的道德"和"应如何留意社会的发展"。他是我的至交，他还创办过高等农业学校。

池田　基·哈查尔·德万塔拉所创办的"学生公园"学校，是贵国民族教育机构的先驱，在民族文化的发展上发挥了重要的作用，这是人所共知的。

我听说印度诗圣泰戈尔①曾访问该校，与学园进行了深入的交流。

扎根地方的文化才是"活的智慧"

瓦希德　正是如此。

基·哈查尔的生日 5 月 2 日，现在是我国的"教育节"。

当时，他认为教育和文化是与荷兰殖民统治进行斗争的最有力的武器，是人们的心灵家园，所以为了实践和发展服务于这一目的的教育而创办了学校。

---

① 泰戈尔（Rabindranath Tagore，1861—1941）：印度诗人、思想家。以代表作之一的《吉檀迦利》诗集，成为亚洲第一位诺贝尔文学奖得主。他在印度的和平之乡创办学校，日后发展为泰戈尔国际大学。曾访问世界各国，与罗曼·罗兰、爱因斯坦等欧美有识之士交流，致力于东方与西方文化的融合。其人本主义思想与甘地主义同为印度独立运动的精神支柱。他同时也是印度国歌及孟加拉国歌的作者。

独立之前，在我国最早使用"印度尼西亚"一词的也是基·哈查尔。1913 年，他被荷兰流放后，创办了媒体办事处"印度尼西亚新闻局"。进入 20 世纪 20 年代以后，"印度尼西亚"一词开始被印度尼西亚独立运动活动家们所继承。

我认为，"印度尼西亚"一词包含着一种政治意义，它成为从事独立斗争的民族的自我认同。

基·哈查尔还说过这样的话："不要忘记，所谓的民族独立，只有政治上的独立是不够的。民族独立必须意味着实现民族文化独立的能力与力量，那是根植于广大、珍贵、深厚的人道礼节之中的一切生命和人生的本质所具有的特色与个性。"

此外，他还这样阐述了教育扎根于民众的重要性："我认为要让孩子们接近民众的生活方式。这不仅是为了让孩子们习得关于民众生活的'知识'，而且是让孩子们自己'体验'，绝不过那种与民众隔绝的生活。"（《以培育独立的人为目标》，苏丹沙拉胡 T&M·索拉胡丁、列夫迪卡、日惹，2009）

池田　您谈到一个非常重要的问题。

所谓文化，正是人的生活方式的体现，正是民众生活本身。

因此，文化的传承创造了人的根。人将在文化的继承中学到人们长期以来所珍视的规范，也可以加深人与人的感情。

在日本，一些有识之士感到忧虑的是，在城市化不断加剧的过程中，根植于社区的文化传承变得愈发薄弱。

虽然有点长，但请允许我在这里引用一下德国大教育家福禄贝尔的论述①：

熟知周边的环境和自己生长的地方，详知自己近处的自然和自然的物产……没有什么能比精通这些事物的那种真切的感觉和那种生动的意识，更能给予幼儿、少年与青年真正有力量的情感以及高尚精神生活的生动实感；没有什么能比这种感觉和这种意识，更能强化、发展以及提高真正有力量的情感和高尚精神生活的生动实感；没有什么能比这种感觉，更加让他们出色地特别是坚韧地履行和实践作为人和作为公民的职责。（《地理学教授》，收录于庄司雅子、藤井敏彦译，小原国芳、庄司雅子监修《福禄贝尔全集 3 教育论文集》，玉川大学出版部）

人本教育的重点也在于此。

创价教育创始人牧口先生在其著作《人生地理学》② 中主

---

① 福禄贝尔（Friedrich Wilhelm August Froebel，1782—1852）：德国教育学家。他确立了有助于儿童精神自发性成长的教育方法。他还创办世界最早的幼稚园"德国普通教养"，被誉为"幼儿教育之父"。

② 《人生地理学》：牧口常三郎著作（1903 年出版）。该书被认为对当时地理研究带来了划时代的变化。内容论述人类生活和地理的关系，在此因果关系中探究人类有价值的生活方式，举出"乡土民""国民""世界民"作为人的立足点，激励读者要有此三种自觉。他认为世界将从"军事竞争""政治竞争""经济竞争"的时代，转变为"人道竞争"的时代。

张，要把儿童培育成在社会上有责任心和有创造性的人，最重要的是让他们通过在周围身边的地方获得各种各样的真实体验来学习生活方式和文化。

目前，在距离日本遥远的巴西，基于牧口先生理念的教育项目正在大大地开展，这个项目从 1994 年开始，已经有总计约上百万人次的儿童参加。这个项目提出"不要竞争记忆力，而要竞争创造力"的口号，其教育目标是家长、社区和学校密切合作，让儿童通过社会体验共享实际的感受，实现生动活泼的学习。例如，在园艺课上栽种蔬菜并用这些蔬菜亲手做成三明治，请前来观课的家人品尝。儿童通过蔬菜栽培了解培育生命需要种种用心与准备，看到家人高兴地说"好吃"时的笑脸，自己也感受到喜悦。这样，孩子就能切身体会，蔬菜，是如何与人连结，如何成为维系生命、培育情感的资粮的。

瓦希德　这课真有意思啊。这里学到的知识，一定会通向"活的智慧"，丰富孩子们的心灵。

在稍早前，我曾听说牧口先生不仅主张"体验学习"的重要性，而且他还强调所有年龄层都持续学习的"终身学习"的重要性。实际上，我们的习经院也完全没有年龄限制。孩子来学，十几岁的青年人来学，大人们也在这里学习。还有些人作为信仰上的修行，只在神圣的斋月（赖买丹月）① 到习经院

---

① 斋月（Ramadan）：伊斯兰历的第 9 月。这个月中从日出至日没的期间，伊斯兰教徒有"斋戒"义务，停止一切饮食。此斋戒有追溯体验穆罕默德所受苦难的宗教意义。

学习。我也曾在斋月期间在两所习经院授课。

基于这些经验，在教育方面，我现在感觉最深的是年轻一代对人生中的楷模还是非常渴望的。跟您刚才说的也有联系，不光是要教育青年，其实社会还需要那些让人的心灵有所依傍的人物。现代印尼的青年们的最大问题，是他们迷失了成为他们榜样的人物。

教师才是最大的教育环境

池田　您自己就是一个伟大的楷模。您所指出的问题也适用于日本青年。

青春时期能遇到可尊为楷模的伟大人物是非常幸福的。我的经验让我对此非常理解。

我不禁想起俄国大文豪托尔斯泰①勉励青年的故事。他所勉励的青年就是后来的法国作家罗曼·罗兰，罗曼·罗兰在人生和艺术上有很多苦恼，他就给托尔斯泰写了一封信。托尔斯泰被信的内容所打动，给这位无名的青年罗兰回了一封长信。深受感动的罗兰终生把托尔斯泰尊为"我的导师，我的先生"，

---

① 托尔斯泰（Lev Nikolayevich Tolstoy，1828—1910）：俄国作家。以代表作《战争与和平》《安娜·卡列尼娜》等长篇小说闻名世界。从人道主义观点严厉批判社会的邪恶和虚伪。另一方面，他也致力于饥馑时的救济活动等社会事业以及教育事业。其非暴力思想影响了印度独立之父甘地等世界人士。

还在传记中把托尔斯泰的遗德彰显于世。托尔斯泰去世的第二年，罗兰感慨万千写道："我们饮自托尔斯泰的生命成为我们的生命，这一生命将由我们传给下一代而成为他们的生命，还将一代一代地传下去。"（《罗曼·罗兰全集39·书简Ⅶ》，山崎庸一郎、清水茂、姥原德夫译，密斯兹书房）

青年的生命，因接触高洁人格与深厚睿智而获得了最高的滋养。所以日常与青少年接触的教育者的不断成长和真诚鼓励，是极为重要的。

"教育取决于教师"是我的信念。25年前（1984），为了有利于教育的发展，我提倡记录下日常的教育活动。在有心的教师们的不断努力下，目前（2009）这些人本教育的实践纪录已有35000个案例，每年都有来自日本全国的教师进行集会，进行人本教育的实践报告。很多纪录有共通感受，那就是"以心育心""教育者改变了自己，孩子也会改变"以及"学生具有无限的可能性"等，读了会有"教育者才是最大的教育环境"这种切身的感受。

日莲大圣人的佛法教导说："以一人为楷模，一切众生平等。"（《御书》第564页）教育，不正是一个人的变革带动了万人变革的伟大而浪漫的事业吗？

瓦希德　我也这样认为。教育实践纪录确实是非常宝贵的尝试啊！

池田　年轻的时候最为"自己应当怎样活？一生的目标是什么？"这种问题而苦恼，这个时候，如果得到了教师的鼓励，那就会成为一生的精神支柱。

教育是以最尊贵的生命为对象的最重要的殊死之战。

"教育是最高的人生圣业""在教育上向前迈进的人是最后的胜利者""人类的荣光与佐证在于教育，因此教育者是最高的领导者!"——我要向为青少年付出了人所不知的辛苦与努力的各位老师们，表示深深的敬意。

瓦希德　我由衷赞同。

对于青年和作为人的生活态度，我认为应当重点培养以下方面：

"必须有开放的心灵。"

"必须正直。"

"必须为公共利益而行动。"

很多人也说过同样的话，但多止于表面上的说辞。但我一直认为，要把它们付诸实践，必须要以身作则成为大家的楷模。

我多年的夙愿是开辟一个新的时代境界——法律面前人人平等，不因肤色、种族、宗教和信仰而遭歧视，社会对任何教义和政治背景都更加宽容。为此，我痛感到，培养没有偏见、从仇恨中解放出来的肩负和平的新印尼青年是不可或缺的。

遗憾的是，世界上拥有这种和平与宽容精神的人还远远不够。

池田　宽容是教育应当实现的重要德目之一。所谓宽容，是立足于对他人生命的共鸣和尊敬。

任何地方、任何国家都有宝贵的文化与精神传统。

在军国主义全盛时期，我的小学班主任在上一门课的时候给我们介绍了佛教艺术宝库——中国的敦煌①，唤起了我对亚洲伟大文化的憧憬，这成为我后来与被誉为"敦煌守护人"的常书鸿先生② 多次对谈的起因。

日本对中国、对贵国、对亚洲进行横暴侵略的历史绝不能忘记。

人的灵魂跃动所创造的优秀文化，是超越民族、人种、宗教与国界的普世之宝。教育必须培养以开放的胸怀积极向这些文化学习的态度。

从中国文学获得了丰富滋养的日本俳句大师松尾芭蕉教导弟子们要"学者在常"。（服部土芳《三册子》，复本一郎校注、译，收录于《新编日本古典文学全集88·连歌论集能乐论集俳论集》，小学馆）瓦希德博士喜爱的贵国作家卢比斯，对芭蕉俳句所流露出的人间情感有深深的共鸣。他曾述怀，不

---

① 敦煌：位于中国甘肃省，自古以来为丝绸之路的要冲而繁荣。4 至 14 世纪历时千年建造的佛教美术宝库"莫高窟"（千佛洞）位于该市东南方。1900 年从莫高窟发现数万件宝贵古文物，举世瞩目。莫高窟于 1987 年成为世界文化遗产。

② 常书鸿（1904—1994）：中国画家。历任敦煌文物研究所所长及其后来的敦煌研究院荣誉院长。对于敦煌艺术的保护、研究及宣扬贡献卓著。他被称为"敦煌的守护神"，曾与池田先生共著对话录《敦煌的光彩》。

能忘记日军非人的残暴行径，但在青春时期的确从俳句中了解了日本人"作为人的那一面"（参照康士坦丁诺编《日本的角色——东南亚六国的直言》，津田守、奥野知秀监译，比斯克社）他还借用芭蕉俳句"秋色深，邻家何许人"（《新编日本古典文学全集 70 松尾芭集》，井本农一、堀信夫注解，小学馆），提出日本对亚洲应负的责任。（《朝日新闻》东京早报 1991 年 8 月 12 日）卢比斯尊重日本文化，但又真诚地提出了问题，我深为他的这一发言所感动。的确，若不能与贵国等亚洲诸国合作，日本是没有未来的。

青年的交流与友谊是世界和平的基础

瓦希德　我认为，为了亚洲的和平与发展，印尼与日本的友好合作关系应当扩大到教育等各个领域。

日本是亚洲发达的大国。过去日本所发生的变化和快速发展，不仅给亚洲也给世界带来了巨大影响。在日益复杂的世界中我国应发挥怎样的作用，这是我们面临的问题。这个问题恐怕也适用于日本。

如何在使东盟各国获得日本那样的发展方面发挥主导作用，这是我国今后的课题。

我希望日本在促进亚洲各国向好的方向发展方面能发挥后援和支持的作用。

我是说，不要把友好仅仅变成友好关系就完了，这是非常重要的。因为我们不是要作本国利益的俘虏，而是要以共同利益为优先。

池田　我也一再主张，为构筑亚洲永续和平的基础，不能缺少的是要一方面不断积累超越以往国家利益的屏障进行合作的经验，同时促进各国之间的相互信任。

2005年12月在马来西亚首次召开了由东盟各国和日本、中国、韩国、印度、澳大利亚、新西兰等16个国家参加的"东亚高峰会议"。我基于这一动向，在一个月后发表了建言，呼吁"定期举行首脑间对话"和"设立具体推进区域合作的事务局"。在此基础上，我例举了"新型流感对策等保健卫生领域的合作""推动基于苏门答腊外海地震与海啸的教训的防灾与复兴合作""防止破坏环境与扩大污染"等三大项目作为具体的实践，主张完善超越国界的、区域整体共同面对"共同威胁"的体制。

瓦希德　全都是些非常迫切的课题啊。

为了解决这些问题，我认为在面对他国人民时最重要的是"团结"，而那也必须是基于相互的文化传统与特点的"尊重社会多元性的团结"。

池田　如您所说，缺少充分的相互理解，即使是推进合作也是无法得到大家满意的成果。如果不能伴随着相互理解，即使取得了一时的成效也难以持续，不可能建立信任的基础。

为了不陷入这种状态，不断扩大那种加深相互理解的人的交流——特别是青年一代的交流是非常重要的。

关于这一点，我曾参考欧盟所推动的"伊拉斯谟计划"①等，提出建立"亚洲青年教育交流计划"等制度。我个人也基于"肩负未来的青年积极交流和建立友谊乃是稳定和平的基础"这一想法致力于推动教育交流。1974 年我首次访问中国时，有位日本记者问我："日中之间最大的课题是什么？"那时虽然邦交正常化了，但两国间尚未签订和平条约。我不假思索地回答："今后最重要的是青年交流。肩负未来的年轻一代的交流比什么都重要。"半年后我再度访华与周恩来总理会谈时的焦点也是"在两国之间如何构筑世世代代的友好"。第二年（1975），由我作担保人，创价大学接收了邦交正常化以后第一批来自中国的公费留学生。我把周总理亲切回忆当年留学日本的那种心情放在心中，郑重地迎接了他们。

从此以后，中国与创价大学间往来的师生超过 1500 人，2006 年创价大学还在北京设立了办事处。

瓦希德　成绩斐然啊！我觉得这是非常有意义的努力。

池田　创价学会的青年部还加强了与拥有 3.7 亿名以上青年的"全国青年联合会"的交流。迄今为止，我们已经派遣访华团 11 次，中国方面的青年代表团也来访了 16 次（截至

---

①　伊拉斯莫计划（European Region Action Scheme for the Mobility of University Students，Erasmus）：这是欧盟推行的高等教育交流计划。该计划为欧洲学生去往海外留学、欧洲学者参与海外教育活动提供支援，促进 EU 加盟国间的教育交流。始于 1987 年，至今已有逾两百万名学生参与其中。

2009 年）。

实际上，创价学会青年部与全国青年联合会的交流是我在 1984 年访问中国时提议的。次年，以胡锦涛（当时为青联主席）为团长的中国青年代表团访问日本时，双方交换了议定书，此后就正式开始了。当时年轻的胡主席说："希望能与创价学会青年部共同为'中日美好的未来'而努力。"在缔结《中日和平友好条约》30 周年的 2008 年，我和胡锦涛主席在日本重逢，"青年"还是我们话题的焦点。胡主席送给日本青年一句话："青年时代播下的友谊种子，将永远伴随着我们的人生。"

我们也希望在年轻一代的心灵大地上尽力播撒和平友好的种子，因为它们随着时间的推移会开出不可估量的花朵。

瓦希德　日本与中国是亚洲的两个大国。两国之间的事必将对东亚地区的发展和形势带来巨大影响。

从这个意义上说，如果池田会长倡导并亲自率先开辟道路的这种努力今后继续加强，日本与中国的关系变得更加和谐的话，则一定会给东亚地区的安定吹来一股新风。

池田　您才是文明间对话的勇敢先锋，我会把您温暖的话语铭记于心，今后坚持不懈地努力下去。

创价大学目前已与世界百余所大学签署了交流协定，其中有一半是亚洲大学。以印尼大学为代表，与贵国的教育交流也在发展，令人感到欣喜荣幸之至。

两度访问创价大学的印尼师范大学的苏纳尔约（Sunaryo

Kartadinata）校长，强调要"把和平与人性的价值观在社会上扎根"，他说"好的价值观要通过教育且只有通过教育才能世代相传。"贵国教育部长努赫（Mohammad Nuh）在担任与创价大学缔结了交流协定的泗水工科大学校长期间，也与我们分享了他的共鸣，他说："不要相互攻击彼此的差异，而是要寻求作为人的共同点，彼此尊重差异。看上去这样是在绕远，但我想这是实现世界和平的最佳捷径。"在贵国与日本之间，朝着和平与宽容的方向，教育的合作已经开始迅速地扩展。

教育是照亮人类与和平的万年之光。

我祈愿，通过进一步的教育交流，不断架起两国青年的新的友谊之桥，为了 21 世纪亚洲的发展，也为了和平！

第八章　开拓新时代的女性与青年

作为多样性与统一性媒介的"宽容"精神

池田　非常荣幸，继印尼大学一行之后，贵国的私立大学联盟的老师们今年（2009）也来访创价大学，我听说双方的老师们有机会就"日本少子化条件下私立大学的现状""基于办学理念的私立大学管理"等话题进行了有意义的交流。

私立大学的灵魂就在于它的办学理念。创价大学的办学理念是：

一、成为人本教育的最高学府；

二、成为新文化建设的摇篮；

三、成为守卫人类和平的要塞。

著名的伊斯兰大学的副校长苏塔尔诺曾说："我校也同样提出了追求和平的方针，所以我非常赞同创价大学的办学理念。"

能以青年为核心开展与贵国的教育交流，实在是件令人欣喜的事。

瓦希德　他们在日本众多的私立大学中选择了贵校，这正说明我国对您所创办的创价大学给予了深厚的信赖和高度的评价。

印尼与创价大学之间的交流可以说是日益频繁，是吧?

池田　这也是得益于与您的友谊。

我听说，私立大学联盟的老师们，在观赏创价大学展示的照片和幻灯片中看到您与我会见的情景都大声地欢呼起来，还热烈地鼓掌。创价大学的师生们再次亲眼看到您在贵国是受到了怎样的爱戴，大家都非常感动。

瓦希德　不敢当啊。以前访问创价大学时我也说过，民主的根基需要宗教，也必须有道德。

创价学会在社会上作出了为德性而行动的榜样，创价大学则在教育方面进行了实践。这些我都非常了解。

池田　感谢您的深刻理解。

私立大学联盟的老师们在访问创大后，还到东京富士美术馆观赏了"哈布斯堡帝国的荣光——华丽的奥地利大宫殿展"。据说，威纽斯加尔特代表高兴地表示："看到了非常高雅的文化，展览会使我们亲眼看到欧洲的历史与传统，这个机会真是太宝贵了!"

王室哈布斯堡家族①统治了以奥地利为中心的欧洲广大地

---

①　哈布斯堡家族（House of Habsburg）：以奥地利为中心广泛统治欧洲地区的著名封建家族。从 15 世纪至 19 世纪期间，哈布斯堡家族世袭神圣罗马帝国帝位。该家族卡尔五世兼任西班牙皇帝的 16 世纪

区长达 600 多年，有"竖琴胜于剑"的家训，历任领导者都支持文化艺术。

瓦希德博士的音乐造诣特别深，也是文化上的伟大领导者。维也纳音乐中有您最喜欢的名曲吗？

瓦希德　我很为由小泽征尔指挥、维也纳管弦乐团演奏的莫扎特而心醉。

在 20 世纪上半叶的战乱时期，以演奏莫扎特曲目而闻名的钢琴家莉莉·克劳斯①曾在巡回演出时在印尼停留一段时间。她是维也纳音乐学院的教授。

哈布斯堡家族资助过莫扎特与贝多芬，此外，还有其他一些非常出色的大音乐家也从各地聚集到维也纳并取得了突出的成就，这与历任领导者对艺术的支持以及他们的宽容精神不无关系。

池田　莉莉·克劳斯在日本也很有名。二次大战期间她在贵国演出时遭到日军逮捕，被扣留到战争结束。

无论古今东西，宽容精神才是创造伟大艺术的摇篮。它是我们必须断然死守的人类精神的核心。

为其全盛时期。尔后分裂为奥地利与西班牙两大分支。19 世纪虽成立奥匈帝国，但在第一次世界大战后瓦解。

①　莉莉·克劳斯（Lili Kraus，1905、1986）：钢琴家。出生于匈牙利，20 岁时出任维也纳音乐学院教授，其后活跃于国际舞台，二战前获得英国公民身份。1941 年在演出地（今印尼境内）被日军逮捕并扣留 3 年。战后以其优美乐音再次风靡世界。

奥地利作家茨威格①斩钉截铁地说："'自己活，也要让他人活'这一古老的维也纳格言，远比任何冰冷的箴言和绝对的命令都更富于人性与智慧。"（《昨日的维也纳》，收录于《茨威格全集 21·时代与世界》，猿田德译，密斯兹书房）茨威格通过维也纳的历史，主张"共存共荣"的原则，即接纳不同民族和文化，并与其融和，由此创造新的文化。（《安定的世界》，收录于《茨威格全集 19·昨天的世界 1》，原田义人译，密斯兹书房）

这不也是与贵国的文化相通的么？

瓦希德　正如您所说。印尼文化具有将外部挑战与文化流入吸到内部的能力。正如诗人阿米尔·哈姆扎②等人所强调的那样，印度教、佛教与伊斯兰教的传入都伴随着孕育了这些宗教的文化。印尼也吸收了这些，并发展了印尼文化。

池田　这种在宗教上和文化上的宽容精神不仅在贵国光芒四射，同时也是人类至宝。

著名的奥地利启蒙君主约瑟夫二世③曾这样说道："宽容正

---

① 茨威格（Stefan Zweig，1881—1942）：奥地利作家。作为新浪漫派诗人登上文坛，同时也创作短篇小说、评传、传记小说等。为避免遭纳粹迫害，经由英国和美国亡命巴西。主要作品有《三位大师》《玛丽·安东内特》等。

② 阿米尔·哈姆扎（Amir Hamzah，1911—1946）：印尼诗人。创办文艺杂志《新作家》，同时创作以《寂寞之歌》为代表的一系列出色作品，对于印尼现代诗的发展贡献良多。被誉为"诗歌之王"。

③ 约瑟夫二世（Joseph II，1741—1790）：神圣罗马帝国皇帝（1765—1790 在位），系弗兰茨一世与玛丽亚·特蕾西亚之子。母亲去世后，作为开明的专制君主，他推动宗教自由化、保护农民等的改革。

是使人们安居乐业并有所成就的必要条件。容易导致宗教迫害行为的教条主义与不宽容主义，会使国家失去居民、使其贫困，并沦为无序状态。"（丹后杏一《哈布斯堡帝国的近代化与约瑟夫主义》，多贺出版）约瑟夫二世于 1781 年发布了主张"压迫良心的一切行为均为有害"（丹后杏一《哈布斯堡帝国的近代化与约瑟夫主义》，多贺出版）的《宽容令》。由于这一《宽容令》，基督教的路德教派、加尔文教派、希腊正教获得了宗教行为的自由和市民的权利。这也同样适用于犹太教。据说约瑟夫二世等人推动的宗教宽容后来又扩大到伊斯兰教了。曾与我对谈的欧洲科学艺术学院的翁格尔[①] 院长也自豪地谈到这一点。

后来，奥地利在皇帝法兰兹·约瑟夫一世[②] 统治时期的 1867 年制定的宪法第 19 条主张："国内所有民族一律平等。各民族均拥有具有维护和发展其民族特性及语言的全面权利。"（大津留厚《哈布斯堡的实验——走向多文化共存》，春风社）法兰兹·约瑟夫一世订定的大原则是"合作一致"（江村洋

---

① 翁格尔（H.C.Felix Unger）：1946 年生，维也纳大学医学院毕业，医学博士。1990 年创立欧洲科学艺术学院，并就任院长。专攻心脏外科，兼任该学院心脏病调查研究所所长。与池田先生共著对话录《竖起人本主义大旗——宽容、慈悲、对话》。

② 法兰兹·约瑟夫一世（Franz Josef I，1830—1916）：奥地利皇帝（1848—1916 在位），统治期间长达 68 年，为欧洲君王中最长。被视为多民族国家之一体的象征性存在。1867 年建立奥匈帝国，并致力于振兴奥地利文化。

《哈布斯堡家族》，讲谈社），探索 12 个民族的合作与团结之路。史料显示，这在当时是非常艰难的一项工作。

在东方，贵国提出了"多样性中的统一"，以大约 300 个民族的共存为目标，这种智慧与实践将成为人类的目标。

瓦希德　沟通"多样性"与"统一性"的主要力量，就是让宽容的资质得到实践。

社会中的人都是与我同样的人，都是我们的国民，我尊重这些所有的人。我们早应与残酷的、阴暗的、不宽容的过去一刀两断。阴险和不宽容的历史。要打破旧的思维障碍，构建新的范式（理论框架和方法论）。

池田　您指出的这一点非常宝贵，这是世界上的领导人都要深入思考的。

谈到"多样性"，这让我想起色彩绚丽、图样精美的贵国传统蜡染工艺"巴迪克"①。作家卢比斯曾经写道："人生丰富多姿，可以喻为色彩斑斓的纺织品。"（《雅加达的黄昏》，粗谷俊树译，井村文化事业社）据说在 19 世纪末以前，欧洲尚未有像蜡染布那样在白布上防染出各种图案的染色技术。贵国卓越的染织技术和独特设计等给欧洲带来了巨大的影响。

瓦希德　是这样的。"巴迪克"继承了爪哇皇室文化，最近（2009）被联合国教科文组织认定为世界非物质文化遗产。

---

① 巴迪克（Batik）：亦称爪哇花布，为印尼爪哇岛等地的传统蜡染布。意即用蜡在棉布等上描绘图案并染色。用来制作围裙、披肩等民族衣裳，后来也用于制作成洋装。蜡有防腐的功用。

这是继木偶戏的哇扬、克里斯（短剑）之后，印尼传统文化获得认定的第三种非物质文化遗产。

以此为契机，蜡染的传统服装又重新为人们所喜爱。

池田 "巴迪克"作为文化之宝，遍传亚洲、欧洲和非洲等地，更与当地风俗相结合，得到了广泛的应用，受到了人们的喜爱。

蜡染布传入日本好像是在18世纪的江户时代，我们称它为"爪哇花布"，现在也很受欢迎。它被用在日本和服的腰带等各种服装和装饰中，已经成为日本传统文化的一部分了。

瓦希德 蜡染布是长期以来把印尼和日本联结起来的传统文化。传统文化与人民的生活方式是紧密地联系在一起的。以前如果远行，孩子要向父母辞行，一般是要蜡染布的服装去父母那里。我想日本和印尼都有同样的敬老文化，但尊敬之念也会有所不同。但尽管不同，其基本精神是相同的。把印尼和日本联结起来的关键词是"敬"，"敬"的核心里就有多元主义。

领导民众运动的《青年誓言》

池田 这一点很重要，尊敬他人，自己也会得到他人尊敬。

开辟贵国独立道路的重要的民众运动，最早也与蜡染布有密切关系，是吧？据说1911年在蜡染布商人等的领导下而诞生的伊斯兰商业联合会（Sarekat Dagang Islam），后来发展为伊斯兰联盟（Sarekat Islam），这成为了贵国最早的民众运动。伊斯兰联盟领袖阿卜杜尔·穆伊斯①因批判殖民政策而遭流放，但他仍以不屈的信念展开了文学活动与社会活动。

"人要努力，不做任何努力而只等天命是不对的。"这是穆伊斯小说中的一段话。（《西风影响——错误的教育》，松浦健二译，井村文化事业社）的确，没有拼死的努力，不可能成就伟大的事业。在贵国的近代史上，决不能忘记的是1928年10月28日的集会。在有当局介入的危险情况下，来自全国的750名青年代表聚集在雅加达的"印尼俱乐部"。这就是为独立奠定基础的史上著名的第二次印尼青年会议。

也是因为这一年正好是我出生的那年，所以我记得特别清楚。

瓦希德　"青年誓言"正是在第二次印尼青年会议上通过的。据此，1908年民族组织至善社成立之后的印尼民族主义被确立为实现独立的斗争方向。

《青年誓言》提出：

第一，我们印尼的青年男女，认识到我们拥有印度尼西亚这一个祖国。

第二，我们印尼的青年男女，认同印度尼西亚民族是一

---

① 阿卜杜尔·穆伊斯（Abdul Muis, 1886—1959 ?）：印尼作家、记者。作为印尼最早的大众民族解放运动团体伊斯兰联盟的核心人物，积极进行活动并通过写作诉求独立。

个民族。

第三，我们印尼的青年男女，尊重印尼语这一统一的语言。(哈杰沃哥《爪哇人的思考模式》，染谷臣道、宫崎恒二译，湄公注释)

从国家的这些历史事件中我们可以这样理解，印尼民族不是突然形成的，而是为了实现印度尼西亚的民族独立这一目的，不断地超越了种族、宗教、阶层等一切差异所形成的。第二次印尼青年会议召开的 10 月 28 日，现在已经成为一个纪念日——"青年誓言日"，用以确认独立的原点并加以庆祝。

对今天的我们而言，《青年誓言》强化了"我们是一个民族，拥有一个语言和一个祖国"的信念。《青年誓言》把印尼不同的人们都团结起来了。

池田　母语、历史和文化都不同的各地青年，歌唱统一与团结，这正象征了"多样性中的统一"的重大意义。

那个成为新的历史发源地的"印尼俱乐部"，曾是平时青年们聚会讨论相互学习古今东西的革命史实和展望未来的宿舍。

真正创造历史的，绝不是打了聚光灯的华丽舞台。为崇高理想而觉醒的青年所在之处，才是滋生历史变革大潮的源头。

现在我们国际创价学会（SGI）能与具有优秀传统的印尼青年会议开展深入的交流，感到荣耀之至。

瓦希德　这种交流对我们印尼而言也是非常光荣的。

池田　刚才您谈到《青年誓言》中说的是"印尼的青年

男女"，这里面平等地提出了"男性"与"女性"。

原本在贵国的历史上就活跃着非常杰出的女性。例如被誉为光明正大的卡陵加王朝的传说女王示巴；还有满者伯夷王国为克服建国初期的混乱与激荡而全力支持王国的王妃拉查巴特尼①，由于拉查巴特尼的支持，大宰相加札马达②的作用才得以发挥。

前面我们提到奥地利，奥地利有一位被尊为"国母"、实现了现代化的大变革的女王玛丽亚·特蕾西亚③。曾经与我对谈过的"欧洲统一之父"奥地利人库登霍夫卡勒吉伯爵④就以

① 拉查巴特尼（Rajapatni 或称 Dyah Space Gayatri，1272—1350）：满者伯夷王朝建立者、初代国王罗登·韦查耶（Raden Wijaya）的王后。国王逝世后，她获得王位继承权，但由于已经出家故让位其女。身为监护人，通过拥护宰相加札马达以支撑国家。

② 加札马达（Gad Jah Mada）：卒于 1364 年，满者伯夷王朝宰相。服侍三代帝王，致力于扩大领土和编纂法令等，为该国奠定了基础。

③ 玛丽亚·特蕾西亚（Maria Theresa，1717—1780）：神圣罗马帝国皇后、奥地利女大公爵、匈牙利女王、波希米亚女王。由于实际负责治理政务，因此被称为女帝。解放农奴并引进义务教育，同时也致力于产业的振兴等。这些内政改革为奥地利成为近代化国家奠定了基础。育有 16 名子女，长子为神圣罗马帝国皇帝约瑟夫二世；法国国王路易十六的皇后玛莉·安托瓦内特是其女儿。

④ 库登霍夫卡勒吉（Richard Coudenhove-Kalergi，1894—1972）：生于东京，父亲为奥地利伯爵、外交官，母亲是日本人。第一次世界大战后的 1923 年完成《泛欧主义》，展开以欧洲统合为目标的运动，成为后来 EC（欧洲共同体，现今发展为 EU，即欧盟）的先驱。与池田先生共著对话录《文明·西与东》。

玛丽亚·特蕾西亚等人为例，强调女性领导人不如男性是一种偏见。

在贵国近代史上，与外国压迫进行勇敢斗争的马鲁古地区①的女性领袖玛莎·克里斯蒂娜·蒂亚哈胡②和亚齐地区③的领导者朱月婷④等女英雄是众所周知的。此外，20世纪上半叶贵国伟大的女性运动，也受到致力于和平的世界女性所瞩目。

其中著名的就是卡尔蒂尼吧？

瓦希德　是的。卡尔蒂尼25岁就结束了她短暂的一生，但她是我国"女性解放先驱"，也是"民族独立之母"，今天依然受到广大国民的爱戴。

---

① 马鲁古（Naluku）：由位于印尼东部的诸岛所构成的省。首府为安汶。盛产香料。葡萄牙、西班牙、荷兰等国皆立足此地，展开贸易主导权之争。也被称为香料群岛、摩鹿加群岛。

② 玛莎·克里斯蒂娜·蒂亚哈胡（UarthaChristina ll aha-hu，1800—1818）：印尼东部马鲁古省女性领袖。虽是年仅17岁少女，仍参与反抗荷兰压迫马鲁古民众的抵抗运动"巴蒂穆拉的抗争"。印尼政府称她为国家独立的女英雄，以赞扬其英勇风姿。

③ 亚齐（Aceh）：苏门答腊岛北端的特别省。首府为班达亚齐。作为东西贸易停靠港实现发展，并扩大了伊斯兰文化。19世纪后半叶，爆发对荷兰的反侵略战争"亚齐战争"。印尼独立后在各地大幅展开宗教、社会改革运动。

④ 朱月婷（Cut NyakD Dhien，1848—1908）：印尼亚齐的女性领袖。亚齐战争（抵抗荷军侵略的运动）中心人物东固·乌玛（Teuku Umar）之妻，不断支持丈夫的反抗运动。尔后继承丈夫遗志，亲自指挥对荷军的抗战，成为受人敬重的女英雄。

她的祖父宗德罗内戈罗四世①是印尼最早让儿子和女儿都同样接受西欧教育的人。她的父亲也效仿她的祖父，不论男孩女孩，都送到学校读书。但是在封建时代的习俗，女儿们自初等学校毕业后就不再升学，结婚前只能老老实实地待在家里。

在这种情况下，卡尔蒂尼就感到疑惑："为什么女性就得被迫过这种生活？"并就此进行了越发深入的思考。

池田　据说在年轻的卡尔蒂尼心中点燃"勇敢与希望之火"的是报上的一篇关于女性教育家拉马拜②终其一生帮助那些苦于贫困与无知的印度女性的报道。

卡尔蒂尼写道："在报纸上读到这个人的事迹时，我的心好像燃烧了起来，我因感动而浑身颤抖——也就是说，能为自己争取自由生活的不只有白人女性！""我们可以自己解放自己，可以独立！"（斯罗托《民族意识之母卡尔蒂尼传》，舟知惠、松田真弓译，井村文化事业社）

瓦希德　是的。后来卡尔蒂尼勇敢地站出来，她投入最大热情的事业，是为女性普及教育。

在教育上最能发挥作用的是家庭，所以她希望为即将成

---

① 宗德罗内戈罗四世（Pangeran Ario Tjondronegoro IV，约1811—1866）：印尼政治家，卡尔蒂尼的祖父。自1836年至1866年间，担任三宝垄和淡目两市的首长，以最早让子女接受西方教育的印尼人而闻名。

② 拉马拜（Pandita Ramabai，1858—1922）：印度女性教育家。在自己国家为解放受虐女性，致力于普及女子初等教育以救济贫困民众。

为母亲的女性送去教育之光，让她们作这最好的教育者去完成自己使命。卡尔蒂尼确信，觉醒的女性将对社会产生巨大的影响。

十几岁时，她就梦想作为一名教师走上女子教育的第一线。她说："引导那些孩子，让他们形成其人格，发展他们年轻的头脑。我要培养能将所学的一切好事传给后世的女性，给予女性良好的教育，我们的社会将来必将幸福。"（斯罗托《民族意识之母卡尔蒂尼传》，舟知惠、松田真弓译，井村文化事业社）她虽然遭受了各种批判与反对，历经了种种曲折，但她仍旧坚持她尊贵的志向，在去世的前一年终于创办了一所面向女童的私塾学校。

卡尔蒂尼的教育理念在她死后得到了继承，各地都出现了称作"卡尔蒂尼学校"的教育机构和同类学校。

先驱者们开辟女子教育之路的斗争

池田 为自己的使命而生，把自己的痛苦转变为给众人带来希望的力量——卡尔蒂尼的青春足迹，是不断鼓舞亚洲与世界女性的精神之宝。

我也经常向日本的年轻女性介绍卡尔蒂尼的言行，并鼓励她们："女性的勇气，正是推动社会和改变历史的力量。"

瓦希德 感谢您宣扬我国引以为荣的女性。

池田 在卡尔蒂尼为贵国开辟女子教育之路而奋斗的几

乎同一个时期，我们的"创价教育之父"牧口常三郎先生，也在致力于发展女子教育。创价学会第一任会长牧口先生在其著作《创价教育学体系》①中论述道："女性是天生的教育家，是未来理想社会的建设者。"（《牧口常三郎全集》6，第三文明社）

瓦希德　牧口先生的话与卡尔蒂尼的信条是相共鸣的。牧口先生是如何从事女子教育实践的呢？

池田　在卡尔蒂尼晚年的1904年，牧口会长正在私立女子学校任教。

当时的日本还有一种歧视女性的风潮，认为女性不需要有学问，由于经济上的原因，也由于教育设施不足，当时很多女性无法接受中等或高等教育。牧口先生出于对被迫处于这种状况下的女性的理解和同情，认为教育于女性自立是不可或缺的，因此开办了各种事业。

举例而言，1905年，牧口先生创办了面向女性的函授教育的先驱性机构"大日本高等女学会"并担任"主干"。这个学会是以小学毕业后因各种理由无法升学的女性为对象的，他还编写了教材《高等女学讲义》。

与此同时，牧口先生还为了没钱无法上学的女性设立和

---

① 《创价教育学体系》：创价学会第一任会长牧口常三郎毕生教育理论的精华。得力于弟子户田第二任会长，于1930年11月18日出版。所谓的创价教育学，意指"培育能创造价值并以此为人生目的之人的方法与知识体系"，其内容给予教育界等各界极大影响。

经营了可以免费学习某些技术的教习所，教习所教授裁缝和各种手艺。

瓦希德 牧口先生对处境各不相同的女子考虑得真是细致周到，他就是以这种精神献身教育啊！

池田 后来大约20年间，牧口先生还担任小学校长，并始终把儿童的幸福放在首位，是一位慈爱的教育家。

例如，下雪天时，他会到外面迎接上学的儿童，背着年龄小的，拉着年龄大的。还有些孩子因为经济原因带不起盒饭，他就自己为他们做好。

《创价教育学体系》就是在这种教育现场的实践中写出来的。在书的开头，就表达了牧口先生的心情："不要让千万中小学生苦于激烈争斗的现实继续烦扰我们的下一代。"（《牧口常三郎全集》5，第三文明社）

瓦希德 卡尔蒂尼也同样深深地希望减轻儿童与民众的痛苦，让他们度过美好的人生。

女性可以成为能最好地推动人类福祉的助手——这是卡尔蒂尼不可动摇的信念。她主张："我要播撒的理想之一，是尊重所有生者的情感与权利。纵然迫不得已，也应远离那些伤害他人和使他人痛苦之事。"（《超越黑暗》，牛江清名译，日新书院）

池田 这些话传递出了要无所差别地保护一切尊贵的生命那种深沉的慈爱之心。

"生命的尊严"正是人本教育的根本支柱。在教育第一线对孩子的生命有悲悯和哺育之情的牧口先生不断地探究生命，发展了《法华经》"生命尊严"的哲学。

《法华经》中具有打破歧视女性、主张男女平等的思想，可谓女性的人权宣言。

可能是题外话，在一千年前，被称为世界最古老的长篇小说《源氏物语》的作者紫式部、著名散文《枕草子》的作者清少纳言等，为后世留下了日本古典文学的杰作。这些女性都喜爱阅读《法华经》，清少纳言曾说："经，当然是《法华经》。"（《一九七经是》，上坂信男译注，收录于《枕草子》，讲谈社）

瓦希德 这一历史很有意思啊。

池田 我认为，发挥和鼓舞女性的力量，是对现代宗教和哲学的要求。

话说回来，让我非常感动的是，卡尔蒂尼能以鲜活的"开放之心"，在从不同国家、人种、民族与习惯的人们那里发现与自己相同的想法中感受喜悦。她很早就这样地展望未来："让某个民族的优秀文化与其他民族的优秀文化进行交流，应该会产生更好、更出色的习俗。"（《超越黑暗》，牛江清名译，日新书院）再优秀的东西，在封闭状态下也不会有发展。只有积极地从新的东西和不同的东西那里得到启发，才会有提高。

此外，我对卡尔蒂尼不断地去发现生息于本国普遍民众中的文化的美好、精彩这一精神轨迹也是非常感动的。"从民众口中能听到太多的优美的语言！他们是把他们的深刻洞察和

真实本身用朴素但美好的语言表达出来的。""喜爱人类生活中
最美好和最优雅的诗，能始终有这种精神的民众，其文化不可
能低下。诗包含了人类生活中一切高贵与美好的方面。爪哇人
民与诗有着无法割舍的关系。"（斯罗托《民族意识之母卡尔蒂
尼传》，舟知惠、松田真弓译，井村文化事业社）

贵国具有深刻而精彩的艺术。不是对什么遥远的别处，
而是对自己所处的地方和社会感到自豪，这样的人生是幸福
的。因为它们是自己生命中不可缺少的。与他者的交流，其实
也是对自己文化的重新审视和再发现。

瓦希德　确确实实是这样。卡尔蒂尼的思想与人生能在
今天还以鲜明的形式被传扬，是因为与她有深交的好友阿本达
隆[1]，把她与他人的通信整理成《超越黑暗》一书，并于1911
年出版。阿本达隆收集书信、编辑成书不要任何报酬，出版社
给的版税他也不要，而是悉数作为建设"卡尔蒂尼学校"的资
金。《超越黑暗》出版以后，人们开始了解卡尔蒂尼的思想，
后来发展成为提高女性地位的运动和民族觉醒运动。

可见，从把思想留传给后世的意义上，出版是一项非常
重要的事业。

池田　恩师户田先生也曾创办和经营过出版社。卡尔蒂
尼创办学校是23岁，差不多在同样的年纪，户田先生为了

---

[1]　阿本达隆（J.H. Abendanon，1852—1925）：1900至1905年在荷领地
东印度担任教育部部长，致力于印尼教育的普及，并与夫人支援卡
尔蒂妮的活动，帮助女子教育的发展。

实践牧口会长提倡的"创价教育"理念，开设了私塾"时习学馆"。

牧口会长《创价教育学体系》的出版，也是在作为弟子的户田先生的努力下实现的。出版的时候正值世界经济危机。面对日本社会的混乱，牧口先生坚定地认为，高举"创价教育"的旗帜，开辟"儿童幸福"之路正当其时。

户田先生以师心为己心，他为了出版《创价教育学体系》，一方面负责整理老师篇幅巨大的原稿，而且还主动要求在资金方面也全面负责。

瓦希德　处在经济大萧条的时代，一定饱受艰辛吧。

池田　您说对了，在资金上极其困难。

但时习学馆主办的公开模拟考试获得了社会的极大反响，户田先生自己出版的参考书《推理式指导算术》销售量超过百万册而成为畅销书。户田先生就把这些收入作为恩师著作的出版资金，并奋力投入到《创价教育学体系》的编辑工作中。

这师徒不二精神结晶的《创价教育学体系》第一卷的出版，是在1930年11月18日。户田先生回忆当时的情景说："虽然除了牧口先生，没有一个人称赞过我在幕后的努力，但我的脸上还是禁不住浮现出开心的笑容。"这番话至今还铭刻在我的心中。

于是我们把《创价教育学体系》第一卷的出版日定为创价学会的创立日，以此来纪念师徒的重要意义。

瓦希德　在我们国家，也是为了纪念卡尔蒂尼的思想与一生，而把她的生日 4 月 21 日定为"卡尔蒂尼日"，各地都举行庆祝活动。1964 年，卡尔蒂尼还被追认为"国家独立英雄"称号，她的肖像曾印在印尼纸币（1 万卢比）上。

池田　由此可知她是如何受到贵国人民的爱戴与尊敬。

在日本，1940 年卡尔蒂尼的书信集被译成日文以后，她的思想和崇高的一生也逐渐为人所知。在她被贵国授予"国家独立英雄"的前一年（1963），日本还赠送了贵国一尊卡尔蒂尼纪念像以示两国友好。

瓦希德　真是令人欣喜。

在此，我想介绍卡尔蒂尼的一段话，这对青年们会是一种鼓舞：

> "没有勇气的人如何获胜？"这是我的座右铭。所以，就是要前进！无论什么事情，提起精神去挑战吧！用勇气去做，那么得到的一定会比失去的多得多。

还有一段话是她为了鼓励自我而写下的：

> 去吧！去实现你的理想吧！为了明天而奋斗吧！错误的善恶标准强加在了数千民众身上，去为他们的幸福奋斗吧！去吧！向前冲！去战斗、去吃苦吧！为任何时候都改变不了的重要的东西工作！（斯罗托《民族意识之母卡尔蒂尼传》，舟知惠、松田真弓译，井村文化事业社）

照耀世界的全球对话之光

池田　太感动了！这才是青春之魂的真谛。

您对年轻一代的女性们有什么赠言？

瓦希德　是啊！有很多事情都非常重要，但正如您所强调的那样，重要的是要常常扪心自问："我为何而学习？为何而工作？为什么而活？"也就是说，不要忘了为了社会、为了大家而学习、工作和生存。

在我国，自卡尔蒂尼以后，女性运动不断发展，形成了女性坚持顽强斗争的传统，所以无论男性是否愿意，社会上各种门户已经打开，女性赢得了很多机会。今后，社会不断确保女性进步的重大机会是非常重要的，同时，也要求女性自身充分发挥好已经获得的权利。

所以年轻一代的女性不要忘记争取权利的历史。不管在职业生涯中积累了多少经验、获得了多高的地位，也要一贯采取为社会与人民而努力的生活态度。

池田　您的每句话都蕴含着丰富的启示。

日前（2009 年 9 月），联合国发表了值得注目的机构改革方向，决议整合 UNIFEM（联合国妇女发展基金）与"联合国妇女地位委员会"等服务于世界女性的联合国四个机构，使其成为更活跃和经费更充足的机构。

过去我也经常主张联合国改革要更加重视女性。我认为，联合国应一方面就世界各处于严峻的状况之下的女性进行人力资源开发，同时又为女性开辟参与联合国各种活动的道路，使她们丰富的见解反映到联合国的各项政策。如果能做到这些，那么联合国的新时代将有光明的前途。从这个意义上说，上述这个决议是与"21世纪的联合国"的主题相适应的改革，我对此表示欢迎。

近年来，许多国家开始设置旨在解决提高女性地位问题的国家管理部门，贵国是亚洲较早设立相关部门的国家。

瓦希德　是的。印尼政府中设有"女性能力开发部"。该部现任是梅乌蒂亚·哈达（Meutia Hatta）博士，她是印尼第一任副总统哈达（Mohammad Hatta）的女儿，哈达与我父亲也是至交。

"女性能力开发部"的起源要追溯到1978年——我国在"国际妇女年"（1975）的启发下设置了负责女性政策的阁僚职位。所以，提高女性地位这一主题，实际上早在30多年前就作为我国基本政策的支柱之一而被提出。

印尼还有一个拥有50多个女性团体的联盟"KOWANI"（印尼女性会议）这一非政府组织，这个组织已从事活动多年，而曾经是核心人物的苏哈托政权时期的女性部长姆尔布拉多莫夫人，她是我的朋友，经常到我家里来聊天。

1995年，在北京召开了第四届"世界妇女大会"，为了争取女性权益，各国代表济济一堂。姆尔布拉多莫夫人为这届大会的召开作出了很多贡献。

池田　贵国把专门负责女性的部门称作"女性能力开发部"，这在北京召开的"世界妇女大会"上也成为备受瞩目的关键词。

当时，我所创办的国际对话中心（旧称波士顿 21 世纪中心）在这次北京会议召开不久，也邀请专家学者举办了"世界妇女大会"的报告会暨学术研讨会。另外，在"世界妇女大会"召开之前，日本创价学会很多妇女部和女子部的成员还参加了在北京举办的 NGO 论坛。

创价学会多年以来以女性为主体开展了构建和平社会的运动，从 2002 年起开始举办"和平文化与女性"巡回展，2003 年起开始举办"和平文化论坛"。负责编辑展示资料的和平学者博尔丁① 博士，给了我们温暖的鼓励："出现了用恒心从事和平活动并活跃于自己社区的女性，这是非常重要的。"（博尔丁、池田大作《让和平文化之花盛开》，潮出版社）

贵国有句话叫作"在石上播种"，是吧？（柴田武、谷川俊太郎、矢川澄子编《世界谚语大事典》，大修馆书店）正如这句话所形容的那样，世界上有许多为了孩子和家庭，为了社

---

①　博尔丁（Elise Boulding，1920—2010）：挪威裔和平学者、社会学家。3 岁时移居美国，与经济学家肯尼斯·博尔丁结婚，同时从事育儿和研究。1969 年获密西根大学社会学博士学位。除和平学外，也以家庭社会学的研究而闻名。曾任国际和平研究学会秘书长、联合国大学董事等，达特茅斯大学荣誉教授。与池田先生共著对话录《让和平文化之花盛开》。

会，不论处于多严峻的条件，也不论他人怎么说，但却始终坚持不屈不挠地行动的女性。

以前我们聊过，您的夫人欣塔女士多年来一直从事提高女性地位的活动，听说您的女儿也在一个从事女性工作的非政府组织中任职。

瓦希德　我的二女儿燕妮在读研究生时，曾经参加了一个帮助农村女性的非政府组织。目前她作为瓦希德研究所所长对我的活动从各方面给予支持。

池田　燕妮所长对我们国际创价学会（SGI）给予了很多帮助。2008 年国际创价学会代表团访问贵国时，她以瓦希德研究所所长的身份热情地接待了我们。借此机会再次向她表示感谢！

燕妮所长还被选为世界经济论坛 2009 年度"全球青年领袖"之一，大家对她今后的作为寄予了越来越多的期待。

瓦希德　谢谢。我女儿对于与国际创价学会的女士先生们相识感到非常高兴。

池田　我很了解燕妮所长长期以来为把您所强调的"宽容精神"和"尊重多样性"推向社会，开展了很多可贵的活动。

在一次接受采访时，燕妮所长谈道："瓦希德研究所的主要任务，是将伊斯兰教义中原有的和平讯息，置于伊斯兰教的中心。希望通过我们的活动加强这一讯息。今天，世界上把原教旨主义的动向当作了伊斯兰教的主流，往往把伊斯兰教视为恐怖与暴力的宗教。现在需要我们重新加以定位，也就是强调，和平的主张，而不是暴力的主张才是伊斯兰教育本来的核心。其实不是这样的，和平的信息才是伊斯兰教的核心，我们必须努力加以导正。"（摘自 http：/www.spf.org/the-leaders/library/21.html）

这段话我和我的妻子听了都非常感动。

瓦希德　感谢您对于我们研究所的活动理解得这样准确。

这个研究所是我为了推动宗教共存与多元文化主义在2004 年创办的，我们在积极从事文明间和宗教间对话的同时，也竭力投身出版活动。这些活动与您率先从事的实践是高度一致的。

正因为有了这种认识，所以为称颂池田先生多年来对世界和平所作的贡献，2008 年瓦希德研究所对您进行了"特别表彰"。在颁赠典礼上，燕妮代表研究所发表了这样的颁奖词："我们表彰人本主义哲学的模范实践者池田博士。池田博士为解决文明间的问题而重视对话，通过著作与行动构筑和平网络。我们要与池田博士共同携手，为解决一切问题而竭尽全力。"

颁奖典礼的盛况在我国发行量最大的日报《指南针》和著名的大英文报《雅加达邮报》上都做了报道。

池田　非常感谢！瓦希德研究所是贵国著名的推动和平的机构，我能获得来自贵研究所的荣誉，感到无上的欣喜与荣幸。

　　推动"文明间的对话"与"宗教间的对话"在混乱日益严重的当今世界，是一项紧迫的课题。最近（2009 年 11月），我所创办的户田纪念国际和平研究所以"危机时代的对话力量"为题在创价大学举办了国际会议。突尼西亚姆哈梅特·方达尔（Mhamed Fantar）博士（玛纳尔大学教授）在会上所做的报告指出："在全人类面临着世界性危机与集团威胁之际，谁都无法独自生存，制造'只救自己的方舟'是不可能的。""因此必须建立民众间、文明间、文化间与宗教间的对话。那么，这些对话应该是什么样的呢？它必须是基于同为人类的善意而相互肯定与尊重的对话。"

　　我想，今日世界所需要的对话，是在失去了希望与理想之光的苦难夜晚那些能互相照到彼此脚下的灯光，它使我们可以携起手来向前迈出一步。

　　我强烈地希望，与尊敬的贵国人民一道，朝着建设和平与共生的全球社会的目标，把全球对话的潮流更加推向高潮。

责任编辑:宫　共

封面设计:源　源

图书在版编目(CIP)数据

和平的哲学　宽容的智慧:池田大作与阿卜杜勒-拉赫曼·瓦希德对谈/(日)池田大作,(印尼)阿卜杜勒-拉赫曼·瓦希德 著;高益民 译. —北京:人民出版社,2020.9

ISBN 978-7-01-022347-6

Ⅰ.①和…　Ⅱ.①池…　②阿…③高…　Ⅲ.①文化学

Ⅳ.①G0

中国版本图书馆 CIP 数据核字(2020)第 127204 号

和平的哲学　宽容的智慧

HEPING DE ZHEXUE KUANRONG DE ZHIHUI

——池田大作与阿卜杜勒-拉赫曼·瓦希德对谈

[日] 池田大作

[印尼]阿卜杜勒-拉赫曼·瓦希德　　　著

高益民　译

人民出版社 出版发行

(100706　北京市东城区隆福寺街 99 号)

北京佳未印刷科技有限公司印刷　新华书店经销

2020 年 9 月第 1 版　2020 年 9 月北京第 1 次印刷

开本:880 毫米×1230 毫米 1/32　印张:6.25　字数:124 千字

ISBN 978-7-01-022347-6　定价:21.00 元

邮购地址 100706　北京市东城区隆福寺街 99 号

人民东方图书销售中心　电话 (010)65250042　65289539